UNA FILOSOFÍA DE LA GUERRA

HENRI HUDE

UNA FILOSOFÍA
DE LA GUERRA

EDICIONES RIALP
MADRID

© 2024 *by* HENRI HUDE
© 2024 *by* EDICIONES RIALP, S. A.,
Manuel Uribe 13-15, 28033 Madrid
(www.rialp.com)

Preimpresión: www.produccioneditorial.com

ISBN (edición impresa): 978-84-321-6705-8
ISBN (edición digital): 978-84-321-6706-5
ISBN (edición bajo demanda): 978-84-321-6707-2
ISNI: 0000 0001 0725 313X
Depósito legal: M-3346-2024
Impreso en Anzos, S. L., Fuenlabrada (Madrid)

ÍNDICE

INTRODUCCIÓN

1. CUANDO FUI DESIGNADO para enseñar ética militar a los futuros oficiales del ejército francés, comenzaba el siglo XXI. Había un consenso general sobre un cuerpo doctrinal, al menos dentro de los ejércitos de la OTAN: teoría de la guerra justa, sistema de principios de la toma de decisiones militares (proporcionalidad, necesidad militar, discriminación), derechos humanos, orden mundial individualista y liberal, combinación de moral kantiana y utilitarismo, derecho de los conflictos armados, y todo ello complementado con la formación en las virtudes cardinales. Creo que fui capaz de apreciar el valor de esta doctrina. Explicar cómo me fui desprendiendo gradualmente de ella es, sin duda, la mejor manera de presentar este libro.

I. TEORÍAS DE LA GUERRA JUSTA

2. La reflexión moral sobre el tema de la guerra oscila entre dos proposiciones contradictorias:

–Por un lado, la guerra utiliza la violencia y la astucia para producir muerte, sufrimiento y destrucción. Es difícil ver cómo podemos aplicar el término ética a una actividad así. Por tanto, la paz parece un imperativo moral absoluto, y el pacifismo, la moral misma.

–Por otro lado, si ninguna guerra puede ser justa, entonces habría que entender que ambos bandos en conflicto son injustos, sin importar qué bando hizo qué, o en qué bando lucha cada uno. Por tanto, cualquier resistencia armada sería tan inmoral como cualquier agresión. Ninguna defensa sería legítima. La capitulación ante el perverso sería un deber, sujeto a graves faltas morales[1]. El resultado de esta moral sería dar el poder a los más amorales. Así, la guerra parece a veces un imperativo moral, y el pacifismo la inmoralidad misma.

3. La teoría de la guerra justa es un intento de superar esta contradicción, autorizando la guerra, pero sólo en condiciones muy concretas. Muchos grandes autores han abordado el tema[2] y prácticamente todas las civilizaciones han desarrollado una teoría de este tipo[3].

4. Diversos cambios han reforzado el pacifismo: con el progreso técnico, la escalada hasta los extremos equivale

---

[1] «Polonia en el siglo XVIII –escribe el conde de Guibert–, por un sistema de libertad desastroso, no quería ni ejércitos ni frentes de guerra; temía ponerse en manos de su soberano, y se convirtió en presa de las potencias monárquicas formidablemente armadas que la rodeaban». François de GUIBERT, *Défense du système de guerre moderne, en Stratégiques* (Éditions de l'Herne, 1978), p. 547.

[2] Gregory M. REICHBERG, Henrik SYSE, Endre BEGBY, *The Ethics of War. Classic and Contemporary Readings* (Blackwell, 2006).

[3] Paul ROBINSON, *Just War in Comparative Perspective* (Routledge, 2003).

a la muerte de la humanidad. Es difícil ver *a priori* cómo se puede hablar de una guerra nuclear justa. La asimetría tecnológica entre voluntades políticas conduce a la generalización de las tácticas terroristas, que también parecen injustificables. El progreso médico ha hecho menos tolerable la muerte prematura. En términos más generales, a medida que se progresa, estamos menos dispuestos a aceptar el daño, porque vemos menos sentido en el sufrimiento. Y con el protagonismo de las imágenes, nos volvemos hipersensibles a ellas (cuando hay imágenes, claro; si no, es indiferencia). Con la urbanización generalizada, la mayoría de las guerras tienen lugar en las ciudades, lo que agudiza las emociones y acelera la comunicación. A falta de una vida comunitaria fuerte, todo se juzga únicamente desde el punto de vista del individuo y sus sentimientos, o sus penas. Por último, con la prosperidad y el aburguesamiento, los sacrificios −antes considerados normales por el bien común− parecen inhumanos. El pacifismo irreflexivo adquiere así el carácter de obviedad inmediata en la opinión pública. Pero como el pacifismo puro es inmoral, queda el eterno problema de la guerra justa.

5. ¿Qué pensar entonces de la teoría de la guerra justa? Se la critica por no ser imparcial, sino partidista. Esto es lo que sostiene el filósofo ruso Boris Kashnikov[4], y es cierto, si consideramos la interpretación de la teoría en términos de la cultura occidental del siglo XXI. Supongamos que (1) "justo" significa ante todo «respetuoso de los derechos

---

[4] Boris KASHNIKOV, "What of Jus Post Bellum if Just War Theory Rests on a Category Mistake", en Patrick MILEHAM, ed., *Just Post Bellum. Restraint, Stabilisation and Peace* (Leiden/Boston: Brill-Nijhoff, 2020), pp. 146-172.

del individuo», y que (2) el individuo se define por su libertad "posmoderna", expresión que todo el mundo en esta tierra puede comprender por experiencia directa o indirecta, ya que esta es la atmósfera cultural que reina en Occidente y se extiende a partir de él desde 1960 aproximadamente. Este "posmoderno", aunque no dure mucho más, se definirá con precisión a su debido tiempo (§ 192-195), al igual que el "moderno" (§ 162-164), por reacción al cual se define. Lógicamente, concluimos entonces (3) que los países en los que la cultura se organiza en torno a este individualismo postmoderno se supone que son los únicos verdaderamente justos. Por tanto, tienen (4) un derecho especialmente indiscutible a defenderse de la agresión. (5) Este derecho implica el deber de proteger a los individuos[5]. Pero entonces, todo individuo sobre la Tierra es necesariamente, de alguna manera, injustamente coaccionado y agredido cuando una colectividad se niega a someterse a la lógica de los derechos individuales. En consecuencia, (6) todo Estado que rechaza la globalización individualista atenta contra los derechos humanos, se deja calificar de injusto y, si utiliza la fuerza para mantener sus posiciones, es culpable de una agresión contra el hombre y su libertad. La guerra contra un Estado así es una defensa legítima y justa, expresión de la solidaridad humana, aunque parezca ofensiva. A partir de aquí, quizá sólo haya que dar un pequeño paso para concluir (7) que cualquier guerra occidental, por agresiva que sea, sería justa; y cualquier guerra no occidental, por defensiva que sea, injusta. ¿No se convertiría entonces la teoría de la

---

[5] David WHETHAM y Bradley J. STRAWSER, *Responsibilities to Protect: Perspectives in Theory and Practice*, International Studies in Military Ethics, 1 (2015).

guerra justa en un arma de guerra psicológica y jurídica? Veámoslo más de cerca.

6. Según santo Tomás de Aquino[6] la guerra sólo es moralmente concebible bajo tres condiciones:
   a. Si lo decide una autoridad legítima,
   b. si defiende una causa justa,
   c. con la intención adecuada.
Una meditación pragmática sobre estas condiciones arroja resultados poco entusiastas.

7. Los realistas políticos dirán que estas condiciones no pueden utilizarse para decidir qué es lo correcto, porque el vencedor, *a posteriori*, siempre tendrá una forma de parecer que tiene razón, y que ha tenido razón, legalmente. La fuerza habrá hecho, o rehecho, el derecho. ¿Hasta qué punto habrán sido legítimas las autoridades asesinadas? ¿Quién juzgará justamente sus intenciones? ¿Y qué vencedor reconocerá la causa justa de los vencidos? Los juristas no tendrán problemas para ajustar el resultado del enfrentamiento a la legalidad impuesta por la fuerza. Una batalla no es un debate; es una ordalía. Y la ley suele ser un arma más en la batalla. Cada uno de los beligerantes intenta hacer que el otro se sienta mal consigo mismo, y trata de presentarlo ante todos como un mal sujeto. Todo esto forma parte de la guerra, no de su regulación. Todo esto es cierto, pero es demasiado breve.

8. *¿Qué es la autoridad legítima?* Según el derecho internacional, en los casos de legítima defensa, la autoridad

---

[6] Santo Tomás de AQUINO, *Summa theologica*, IIa-IIae, Cuestión 40, Artículo 1.

legítima es la del Estado agredido, y en todos los demás casos, es el Consejo de Seguridad (CS) de la ONU. Cualquier guerra sin su aprobación es, por tanto, jurídicamente una guerra injusta. Pero los estadounidenses, aliados con otras naciones, entraron en Irak sin mandato del Consejo de Seguridad bajo la presidencia de Bush II, en conciencia. Además, la mejor defensa es un buen ataque. Por tanto, una definición amplia de guerra preventiva autoriza cualquier agresión en nombre de la legítima defensa[7]. De este modo, todo el mundo puede pretender ser legítimo, y la primera condición establecida por la teoría puede justificar, al menos en apariencia, cualquier cosa.

9. Subjetivamente, tal vez sea así. La mala fe siempre es posible, pero la conciencia siempre puede equivocarse, con más o menos buena fe. Además, ambas partes enfrentadas pueden equivocarse en conciencia, lo que hace que la guerra sea justa para ambos bandos (subjetivamente), aunque quizá objetivamente el derecho esté más de un lado que del otro. Esto justifica al menos el respeto al adversario y la irresponsabilidad penal de los combatientes, salvo en el caso de crímenes de guerra[8].

10. Por lo tanto, el derecho internacional no sirve para nada en este caso, sino que funciona más como un ideal internacional que como derecho. Además, dado que los

---

[7] Neta C. CRAWFORD, "The False Promise of Preventive War: The New 'Security Consensus' and a More Insecure World", en Henry SUE y David RODIN, eds., *Preemption. Military Action and Moral Justification* (Oxford University Press, 2010), p. 89-125.

[8] Los crímenes de guerra se definen de forma convencional o racional, basándose en los principios de proporcionalidad (§ 32) y discriminación (§ 33).

países no nucleares están necesariamente más sujetos a él que los demás, este derecho refuerza la aristocracia de las naciones con armas nucleares.

11. "Autoridad legítima" significa legitimidad. La legitimidad está vinculada a los primeros principios de la cultura. Cuando una guerra es cultural, cada cultura legitima al Estado que se refiere a ella.

12. La condición de "autoridad legítima" exige que sepamos *a priori* quién es la autoridad legítima, o quiénes son las autoridades legítimas. Pero cuando hay un conflicto entre grandes potencias que se disputan su imperio en el mundo, el conflicto consiste precisamente en determinar quién es y quién será una autoridad legítima, y hasta qué punto lo será. Pretender saber esto es también haber formulado y afirmado una política mundial, sobre la que también puede haber desacuerdo y conflicto. Lo que está en juego en una gran guerra es precisamente la reforma de la constitución mundial, siendo la guerra el ejercicio más flagrante del poder constituyente global, que conduce primero a la redistribución de este poder constituyente[9], y después a la de los poderes reguladores constituidos. En efecto, una potencia determinada detenta una parte muy importante del poder constituyente y regulador mundial. Puede pretender ostentarlo legítimamente, por sus méritos y su valor. Pero si este poder es impugnado por un

---

[9] «Todas las guerras son, en consecuencia, otros tantos intentos... de establecer nuevas relaciones entre los Estados y, mediante la destrucción o al menos el desmembramiento de todos ellos, crear nuevos cuerpos políticos, etc.», de Immanuel KANT, *Idea para una historia universal*, Séptima tesis, VIII, 24-25.

rival, estos títulos quedan evidentemente en entredicho, y el mero hecho del poder no basta para establecer el derecho, tanto más cuanto la impugnación es indicio de un cambio en las relaciones de poder.

13. ¿Concluimos aquí que el relativismo es absoluto? No. Más bien tenemos que discutir el sistema legítimo de poderes y autoridades de nuestro tiempo, y la justa constitución de la raza humana en su conjunto, en relación con el bien del hombre y el bien común de la raza humana, lo que nos lleva a la segunda condición: la causa justa.

14. *¿Qué significa "causa justa"?* Una primera causa justa para la guerra, paradójicamente, sería la prevención de la guerra total, que es la primera condición del bien común universal. Pero, ¿cómo podría esta causa justa justificar el recurso a una guerra que siempre corre el riesgo de convertirse en total? Y, más en general, la justicia de la causa de la guerra no puede evaluarse independientemente de un juicio sobre la justicia de una política general llevada a cabo por un Estado para lo que considera su propio bien y el de la humanidad. Para que la guerra sea justa debe estar al servicio de una política justa, y debe estar encaminada a corregir una injusticia manifiesta e intolerable en relación con dicha política. Pero como una guerra surge de una contradicción entre dos políticas generales incompatibles en un mismo espacio común, es evidente que cada una de las dos partes tendrá siempre, subjetivamente, una causa justa.

15. A todo el mundo le gusta decir que es justo, y creerse justo. Pero los dirigentes, los que toman las decisiones, tienen el deber de tratar de pensar la verdad según la Razón. Una guerra justa no puede determinarse al margen de una

política mundial justa y de la determinación de una teoría de la justicia, que es algo bien distinto de una estratagema al servicio de un partido. Y si la verdad fuera incognoscible, entonces sólo la fuerza haría lo correcto; también sería la única justicia, y la guerra sería la única esencia verdadera de la política. Si la verdad sólo fuera accesible en el orden material, el resultado sería muy parecido, pues el materialismo sería la razón dura, y los altos ideales sólo serían opiniones sin vigor, más o menos fanáticas. Prevalecería el cinismo. Esto conduciría menos a una guerra entre poderes constituidos que a una guerra contra los pueblos, las libertades y los ideales, para asegurar la supervivencia a toda costa (§ 58). Resistir a la invasión de tales ideas y culturas, y a la opresión resultante, es probablemente una causa justa para la guerra. Tal resistencia sería demasiado débil, a largo plazo, sin una reforma fundamental de la razón, sin una nueva síntesis humanista[10]. Puede que la reflexión sobre la guerra abra un nuevo camino hacia este nuevo humanismo.

16. *¿Qué significa "recta intención"?* Actuar de acuerdo con lo que conscientemente consideramos la jerarquía de valores, y en coherencia con el valor más elevado. Todo el mundo entiende que la rectitud de la propia intención sólo puede conocerse mediante el examen cuidadoso de la propia conciencia. Y, por supuesto, si las conciencias difieren sobre el valor más elevado, pueden tener subjetivamente una intención correcta, aunque lleguen a decisiones opuestas.

---

[10] Papa BENEDICTO XVI, *Caritas in veritate*, n.º 21 (29 de junio de 2009), y también el discurso del 19 de noviembre de 2009.

17. Empecemos por la conciencia del soldado. Al utilizar la fuerza armada, destruye bienes, hiere o mata a personas. Si actuara como un particular, sería un asesino, un pirómano, un malhechor. Está excusado o justificado, legal o moralmente, porque no actúa como un particular, sino como agente de una autoridad pública. Por tanto, la recta intención del soldado consiste, ante todo, en querer actuar no bajo su propia autoridad, sino en subordinación jerárquica a la autoridad legítima. Este es el primer punto de la recta intención. Hasta dónde debe llegar esta obediencia es el segundo (§ 21). Pero no lleguemos ahí todavía.

18. Ascendiendo en la cadena jerárquica, llegamos al jefe del Estado, que también (en el mejor de los casos) obedece cuando decide legalmente, dentro de los límites de los poderes que le confiere la constitución, y de los derechos que le confieren las convenciones y los tratados. Decide legítimamente, al menos subjetivamente, cuando juzga de acuerdo con los principios de la cultura. Esta característica de obediencia es esencial para la recta intención. Y cuando decimos que la guerra sólo debe decidirse como último recurso, debemos entender que, para un decisor justo, prácticamente no hay otra opción.

19. En una época marcada por el individualismo libertario y la privatización, es esencial recordar este principio: es injusto, incluso para el jefe del Estado, hacer de la guerra ante todo un asunto privado, una mera aventura personal. Esto no impide que el individuo se adhiera personalmente, de forma razonable e incluso apasionada, a la causa pública, a la constitución, a los principios de la cultura y a la nación que estos estructuran y definen, a su patria, a sus intereses e ideales.

20. A menudo, por el contrario, la privatización de la existencia impide la pertenencia a un conflicto público. El individuo se siente perdido en el tumulto que de repente barre su mundo familiar. Sólo puede ver en cualquier guerra un trágico absurdo, en el que se ven arrastrados individuos pobres como él, que sólo querían llevar su vida tranquilamente al margen de cualquier esfera pública más amplia. Se queja de haberse convertido en víctima inocente de ambiciones criminales, intereses sórdidos y egoísmos monstruosos. A menudo es cierto. Pero inocencia no significa «hervir tu propia sopa, a fuego lento, en tu pequeño rincón». Quienes desprecian el bien común deben prepararse para la calamidad pública. Cuando se levanta el telón de las grandes tragedias de la historia, significa que se ha completado la inmensa suma de pequeños egoísmos y pequeñas mediocridades, a nivel de un número infinito de vidas empequeñecidas. Sea la que sea, la guerra también proviene de mí. Todo esto importa a la recta intención, y quien toma decisiones debe reflexionar sobre ello.

21. Hoy en día se hace mucho hincapié en el deber del soldado de desobedecer las órdenes injustas. Ese deber de desobediencia, en un régimen autoritario, conlleva el riesgo de la pena capital. En un régimen liberal, este deber (que también puede ser legal) corre el riesgo de ser un medio de imputar a los subordinados las faltas de los superiores; pues siempre será posible probar que un subordinado ha cometido un acto ilícito, pero será mucho más difícil probar que el superior dio la orden, sobre todo si hay una distancia jerárquica considerable entre ambos y si no se ha respetado la cadena de mando.

22. La autoridad legítima es criminal, y su legitimidad se erosiona, si cree que puede hacer cualquier cosa.

23. El subordinado tiene el deber de obedecer, porque tiene el derecho correlativo de recibir órdenes que no es deshonroso, o condenable. «Un hombre valiente puede ser obligado a hacer la guerra, pero no a hacerla de modo indebido»[11].

24. Obedecer órdenes que uno desaprueba no siempre es una traición a la conciencia. Los subordinados tienen a menudo el derecho, o incluso el deber, de dudar de su propio juicio, al menos tanto como del de sus jefes. El subordinado conoce mejor la situación en su propio terreno, pero menos el panorama general. No sabemos con certeza cuáles serán los efectos de nuestra desobediencia, pero sí sabemos con certeza cuáles son los efectos de la desobediencia en general. Sin disciplina, no hay fuerza pública, no hay Estado. La inmensa mayoría de nosotros no sabemos con certeza si las órdenes desconcertantes son proporcionadas a la urgencia o a la necesidad. Por lo tanto, un subordinado ordinario no tiene un deber estricto de desobediencia heroica. La mayoría de las veces, quedará excusado al obedecer incluso órdenes aparentemente muy cuestionables, aunque sólo sea por miedo a las amenazas. Por supuesto, es fácil, sentado en tu sillón, condenar a quienes se movían en la niebla de la guerra.

25. El combatiente de la Resistencia, que lucha contra una autoridad legal pero, a sus ojos, ilegítima, parece

---

[11] Baltasar Gracián, *El arte de la prudencia*, n.º 165.

no obedecer a una autoridad legítima, y por lo tanto no puede, aparentemente, pretender gozar de una intención justa. Y, sin embargo, puede ser considerado un combatiente regular, si reconoce una autoridad que considera (subjetivamente) legítima, y se somete a ella en su acción. Para los líderes de la resistencia, el problema es más espinoso. Deben poder creer que, por excepción, han recibido su legitimidad directamente de la Historia o de la Providencia. La asimetría del conflicto en la era hipertécnica añade complejidad al problema. Hay situaciones en las que cualquier jerarquía erradicaría la resistencia, y en las que esta sólo puede estar formada por individuos absolutamente aislados. Este es uno de los problemas cuya naturaleza paradójica se ve exacerbada por el progreso técnico.

26. ¿Qué puede justificar la resistencia? La cantidad de energía de que dispone una Potencia puede llegar a ser monstruosa, al igual que su política materialista. Sabemos que una Potencia así nunca renunciará voluntariamente a sus ambiciones. Hay que obligarla. Obligar a la conciencia a obedecer es imposible, salvo en apariencia. Esto significa que debemos considerar la posibilidad de hacerle la guerra, antes de que se establezca, o incluso después, para derrocarla mediante una resistencia que conduzca a la revolución. Pero nadie puede creerse autorizado a decidir sobre la resistencia o la guerra sin obedecer a la razón, y sin haber meditado largamente sobre el tema. En resumen, la teoría de la guerra justa es demasiado formal para ser suficiente en la toma de decisiones. Tanto más cuanto que siempre dudaremos en utilizar medios que, en otras circunstancias, serían criminales.

II. EL FIN JUSTIFICA LOS MEDIOS

27. ¿En qué sentido, entonces, *el fin justifica los medios*? Supongamos (1) que un fin F es tan bueno que es necesariamente obligatorio, y (2) que un medio M es a su vez necesario para alcanzar este fin necesario. En este caso, es obvio que el medio M es necesariamente justo (y por tanto permisible, o incluso obligatorio). De lo contrario, tendríamos tanto la obligación de buscar este fin como la prohibición de usar los medios para conseguirlo. La razón práctica sería completamente absurda. La moral nos volvería locos. Esto no quiere decir que el simple sentido común baste para decidir esto inmediatamente. Se requiere un razonamiento correcto, y ciertos principios.

28. En el sentido muy preciso en que se ha dicho (pero sólo en este sentido), es indudable que el fin justifica los medios. Si, pues, una operación de fuerza (se llame o no guerra) es un medio necesario para un fin moral y necesario (como la mera existencia de la sociedad o del género humano, o de la naturaleza humana, o la protección de su dignidad), el empleo de este medio puede ser bueno, justo o incluso necesario, siempre que... Hay que reflexionar largo y tendido sobre esto.

29. En un modelo puro, el razonamiento es perfectamente claro. Supongamos un Poder malvado, en su concepto puro, un Poder absolutamente materialista y perverso, cuya política tiene por objeto el genocidio de una gran parte de la humanidad y, para los supervivientes, la promoción universal de la inmoralidad y la prevención de toda vida espiritual; supongamos que un medio M (tiranicidio, sedición, revolución o guerra) es un medio necesario para

deshacerse de él; este medio no puede ser en sí mismo inmoral, aunque exija grandes sacrificios voluntarios o involuntarios. En *términos concretos*, es más complejo.

30. ¿Podemos suponer que el mero uso de este medio necesario sería al mismo tiempo la causa inevitable de una destrucción física o moral igual o mayor de este mismo fin necesario? Si así fuera, el mismo medio sería a la vez lo que procura el fin y lo que lo destruye, y una contradicción no menos fatal haría saltar por los aires la razón práctica. Toda decisión sería arbitraria. También en este caso tiene que haber un modo de decidir sobre la base de principios, sin encontrarnos sencillamente ante un dilema insoluble que no deja más que espacio a la arbitrariedad. Por eso es necesario seguir reflexionando.

III. Principios de ética militar

31. Así pues, cuando los éticos o moralistas quieren regular la actividad militar, invocan tres principios esenciales, dos de los cuales son a la vez interdependientes y opuestos: el de necesidad militar y el de proporcionalidad. El tercero se llama "discriminación". Veamos si estos principios bastan por sí solos para tomar decisiones no arbitrarias, razonables y justificadas.

32. Los dos primeros principios aclaran el significado y limitan el alcance de la frase «el fin justifica los medios». El principio de necesidad autoriza (y sólo autoriza) los medios necesarios para el fin necesario; el principio de proporcionalidad prohíbe los medios innecesarios. El

principio de proporcionalidad es fácil de entender: no matar una mosca a cañonazos, no causar sufrimientos innecesarios, controlar el uso de la fuerza. Pero el principio de necesidad, que es más difícil de conseguir que la gente acepte, es el primero. Es este principio el que (1) determina lo que se reconoce como objetivo necesario. Esta necesidad del objetivo determina (2) lo que se considera un medio proporcionado (es decir, necesario, pero sólo suficiente, no superfluo) para este fin necesario. (3) Los efectos inevitables pero no directamente buscados de estos medios necesarios para un fin necesario se declaran entonces inevitables y aceptables, y los medios y actos que los producen se declaran proporcionados.

33. El principio de discriminación exige distinguir entre combatientes y no combatientes, y sólo los primeros constituyen objetivos legítimos. El terrorismo y el principio de discriminación se definen mutuamente, ya que el terrorismo consiste precisamente en golpear sin respetar este principio.

34. ¿Es posible distinguir claramente entre guerra y terrorismo? Sí, si analizamos los modos de acción; pero ¿y si consideramos la esencia misma de la guerra? La guerra adopta la forma de una "subasta sangrienta". Primero debe quebrarse la voluntad de una persona, porque está cansada de sufrir o tiene miedo; en otras palabras, si no aterrorizada, está al menos horrorizada ante la idea de continuar la lucha. La lógica (disculpen mi sinceridad) aquí es la de la tortura. ¿Y no se denomina comúnmente a esto el "equilibrio del terror"? De hecho, ¿no es común hablar de un equilibrio del *terror*? Hay una dimensión de terrorismo en la esencia de la guerra.

35. Entre adversarios tecnológicamente comparables ("simétricos"), el principio de discriminación se respetará convencionalmente, o *de facto*, cuando corresponda a la utilidad mutua. Pero entre adversarios "asimétricos" no será así. El terrorismo es la táctica preferida de los débiles contra los fuertes, porque tienen pocas opciones. Imponer el principio a los débiles es negarles el uso de la fuerza. En el bando más fuerte, el principio de discriminación se respetará, en la medida en que sea un lujo que la parte mejor equipada pueda permitirse. El bando más fuerte, sin embargo, acepta los "daños colaterales". No se pueden descartar motivos más nobles. Pero en una guerra muy dura, la parte más fuerte también puede actuar sin respetar el principio. Las sanciones económicas, cuando causan muertes masivas, tampoco respetan el principio.

36. ¿Es el principio de discriminación simplemente una aclaración importante del principio de proporcionalidad, o es una ley moral impuesta por imperativo categórico? En el primer caso, sabemos (§ 32) que el principio de proporcionalidad es inseparable del principio de necesidad, que limita la discriminación en la medida en que admite "daños colaterales", que caen bajo lo que la moral clásica llamaba el "voluntario indirecto". Si el principio de discriminación se aplicara incondicionalmente, todos los daños colaterales estarían prohibidos. Pero esto equivaldría a excluir el terrorismo, la disuasión nuclear, la guerra urbana, el uso de civiles como "escudos humanos", cualquier bombardeo aéreo[12] o de artillería sobre objetivos que sean civiles o estén incrustados en edificios civiles, etcétera. En

---

[12] Hervé COUTAU-BÉGARIE, *Traité de Stratégie*, «L'affirmation de la stratégie aérienne», 7.ª edición (Economica, 2011), pp. 759-765.

otras palabras, estamos al borde del pacifismo puro, que no es una solución, sino un problema aún más grave.

37. La estrategia terrorista sólo tiene impacto gracias a la caja de resonancia de los medios de comunicación[13]. Sin embargo, el trauma causado por los atentados es profundo[14].

38. El principio de discriminación sólo tiene un valor claro si el Pueblo no es soberano, o si no tiene una relación de solidaridad activa con su ejército. En caso contrario, es difícil no reconocer una cierta beligerancia *de hecho*. Cuando la población es muy activamente solidaria con una fuerza armada enemiga, en medio de la cual se mueve "como pez en el agua", secar el cauce o (sin metáfora) hacer la guerra a la población es obviamente el medio necesario y proporcionado. Por supuesto, estos medios no son morales si el fin de la guerra no es realmente necesario; y si la guerra ni siquiera es realmente útil, resulta muy mala política.

39. Si no queremos recurrir a los medios objetivamente necesarios, es absurdo hacer una guerra que se alargará y alargará, y que al final sólo puede perderse. En resumen, o bien el principio de no discriminación nos recuerda que, incluso en la guerra, debemos mantener el mayor respeto posible por las personas, y aplicar el principio de proporcionalidad con el máximo rigor, incluso cuando se trata de poblaciones hostiles y peligrosas; o bien se trata de un imperativo absurdo, cuyo pleno respeto entrañaría una

---

[13] General Jean DELAUNAY, *La foudre et le cancer* (Pygmalion, 1997).

[14] Dr. Patrick CLERVOY, «Les premiers soins psychologiques après un attentat», en Ronan DOARÉ y Jean-Michel le MASSON, *Blessures invisibles et terrorisme* (Economica, 2018), pp. 49-58.

contradicción. Cuando los principios de la ética militar se entienden como imperativos categóricos universales, o bien la ética militar deja de ser militar, o bien se convierte en hipocresía. La guerra es una actividad en la que el bien común pesa trágicamente más que los derechos individuales, y escandalizarse de que así sea es escandalizarse de que haya guerra. Después, cuando el pacifismo ha conducido a veces al reino de lo más perverso, nos escandalizamos de que no hubiera habido guerra. Una moral que sólo puede ser apaciguadora y al mismo tiempo, y en el mismo sentido, contraria al apaciguamiento, es una máquina que enloquece. Debemos seguir reflexionando.

40. Estos principios son a la vez muy claros y muy abstractos. Considerados de forma abstracta, sin relación con una cultura, con una jerarquía de valores, con la cúspide de una jerarquía de valores o con la normatividad universal, pueden utilizarse para revestir casi cualquier decisión, siempre que haya consenso: de un lado, no de ambos. Es más, el consenso se forma por una serie de razones que a menudo tienen muy poco que ver con la razón. Por eso repito que hay que reflexionar más. Y aquí está el fruto de mi reflexión.

I.
LA DEFINICIÓN DE LA GUERRA, DESDE FUERA Y DESDE DENTRO. EL PROBLEMA DE LA GUERRA. LA SOLUCIÓN DEL LEVIATÁN

41. Si no entiendes al hombre, no entiendes la guerra. Quien no entiende la guerra no entiende al hombre. Quien no entiende ni lo uno ni lo otro, tendrá guerra y la perderá.

I. LA GUERRA VISTA DESDE FUERA

42. El agujero negro define la gravitación. El fin del mundo define la guerra, «el camino hacia la supervivencia o la extinción»[1]. Hoy más que nunca, cuando puede destruir al género humano. «De ahí que sea un tema de investigación que no puede descuidarse bajo ningún concepto»[2]. No la estudiamos sólo para conocerla, sino para evitarla o para ganarla, sin suicidarnos. Este estudio se compone de puntos de meditación pragmática, para uso de los

---

[1] SUN-TZU, *El arte de la guerra*, capítulo 1.
[2] *Ibid.*

responsables de la toma de decisiones y sus asesores, así como de cualquier ciudadano.

43. Nunca digas *a priori*: «Es demasiado teórico». ¿Dónde empezó la física científica? Con el principio de inercia, que supone un único punto material moviéndose en un vacío euclidiano eterno e infinito. Parece ficción. Pero no podría ser más práctico. ¿Ocurre lo mismo con la consideración de la guerra como el fin del mundo? Sí, salvo que...

44. Tradicionalmente, se distinguía entre la guerra absoluta (total, extrema), una idea pura indispensable para el conocimiento científico, y la guerra real, en la que diversas "fricciones" mantienen la realidad a distancia del concepto puro[3]. Ahora, como resultado del progreso técnico, (1) la guerra real tiende asintóticamente hacia la forma absoluta; y (2) la guerra *absoluta* también se está convirtiendo en una posibilidad permanente, especialmente en una cultura posmoderna. *La guerra absoluta forma parte cada vez más de la guerra real.*

45. Para empezar, veamos la guerra desde fuera. En primer lugar, las armas. La bomba atómica será dentro de un siglo (si entretanto no se ha acabado el mundo) lo que hoy son los misiles tierra-aire y las granadas de mortero. Se nos dice que, desde hace mucho tiempo, los esfuerzos ya no se centran en aumentar el poder destructivo de las ojivas, sino en la complejidad de las trayectorias y la velocidad y precisión de los vehículos. Pero no podemos escapar a la próxima revolución de la física. ¿Llevará al desarrollo de la bomba de quarks? La teoría dice que es imposible, pero

---

[3] Carl von CLAUSEWITZ, *Sobre la guerra*, Libro Octavo, Capítulo 2.

la historia de la ciencia es un cementerio de teorías. Entonces podríamos tener el poder de volar el sistema solar.

46. Una revolución de la energía locomotriz, necesaria para la colonización del cosmos, dará a las huelgas una velocidad inimaginable. La decisión de represalias se tomará de antemano, y la ejecución se confiará a las máquinas. Un solo estallido y la humanidad sería aniquilada en un instante.

47. Si dentro de un siglo sigue habiendo grandes potencias, en cualquiera de sus formas, y si estalla la guerra entre ellas y se recrudece hasta el extremo más extremo, será nuestro fin, a menos que ya hayamos pululado por otros lugares. Incluso allí, en esos otros planetas, podemos destruirlo todo.

48. La guerra absoluta real, mientras no haya estallado, no elimina, aquí y allá, las guerras relativas reales (convencionales o asimétricas) en espacios no salvaguardados por armas de destrucción masiva.

49. Cuando impedimos la verdadera Guerra Absoluta, metamorfoseamos la guerra y le damos ubicuidad. Y cuanto menos existe aparentemente, más se convierte en la esencia de todo: la guerra informativa, la guerra económica y financiera, la guerra jurídica, la guerra sanitaria, la guerra política y la subversión, la guerra cultural y el desarme de las mentes, etc. Desde la aparición de las armas atómicas, podemos esperar no volver a tener una verdadera guerra. ¿Deberíamos desesperar de no alcanzar nunca una paz verdadera?[4].

---

[4] General André BEAUFRE, *Introduction à la stratégie* (Fayard, 1963, 2012). Estas son las últimas palabras de la obra.

50. Para analizar el mundo actual, necesitamos concebir el mundo venidero, que es más fácil de entender porque es conceptualmente más puro. No busquen en lo que sigue críticas veladas ni posiciones partidistas, como en una novela en clave.

51. No basta con una previsión a cien años vista. Necesitamos un concepto aún más puro de la Guerra, que sea, por así decirlo, absolutamente absoluto. La improbabilidad de su realización en el futuro no elimina su utilidad para la ciencia (que restablece, hasta cierto punto, la distinción tradicional, § 44). Así pues, imaginemos que dentro de mil años seguimos vivos y tenemos el poder de hacer crujir en un instante el universo entero, e incluso otros universos puramente físicos conectados a él, si los hubiera (los físicos llaman "big crunch" a un hipotético acontecimiento inverso al Big Bang). Podremos destruir absolutamente todo, salvo a Dios, las almas inmortales y otros mundos o cosmos sobrenaturales que el Poder Todopoderoso haga milagrosamente inaccesibles a nuestro poder. La guerra puede transformarlo todo instantáneamente en un único agujero negro. Y así, tenemos la definición de la Guerra absoluta: un duelo entre adversarios con voluntades opuestas, que se enfrentan, y donde cada uno detenta el poder de la involución absoluta, que podemos llamar *el poder del crujido*.

52. El progreso tecnológico también conducirá a la miniaturización y democratización de los medios de destrucción. Un adolescente con un iPad en 2022 tiene una potencia de cálculo mil veces superior a la que tenía el Pentágono en 1950. Dentro de mil años, resulta imaginable que un individuo pueda llevar una bomba de quarks en el bolsillo de su chaqueta, no más grande que su pitillera.

Admito que esto es adelantarse a los acontecimientos, pero esta pesadilla es como el principio de inercia (§ 43). Hace posible la ciencia. ¿Así que aquí estamos, por fin, en el límite del concepto puro? En cierto sentido, sí. Pero no completamente. Porque esta pureza nos obliga a redefinirlo todo de antemano.

53. Tradicionalmente, la guerra se ha definido como una oposición entre voluntades políticas (en el sentido más amplio del término), constituidas, *de hecho* o de *derecho*, reconocidas o no –naciones, Estados, alianzas internacionales, grupos étnicos, pueblos organizados y armados, etc.–. Estas voluntades no pueden ponerse de acuerdo sobre la regulación de su vida común y el modo de resolver sus problemas. Cada una de ellas recurre entonces a la fuerza armada para imponer su decisión a la otra.

54. Así ha sido desde la noche de los tiempos. Cuando la solución a un problema es absolutamente esencial y, decididamente, no es consensuada, ¿qué se hace? ¿Renunciar a resolver el problema? ¿Se resolverán entonces los problemas por sí solos, o empeorarán por falta de solución? ¿O la ausencia de solución, para una o ambas partes, equivale a aceptar la peor solución posible? Llegados a ese punto, podemos decidir buscar una solución por la fuerza. No siempre es consensuado al principio, pero si el adversario no se somete a la amenaza, hay consenso para someter el asunto a una prueba de fuerza, de la que surgirá la solución por la fuerza. Es el duelo, la dialéctica de voluntades, el uso de la fuerza armada bajo el control de la razón. Este recurso a la fuerza despierta casi siempre pasiones prácticamente ilimitadas. La razón estratégica y táctica no puede dejar de proponer todos los medios, ni

de examinar todas las eventualidades, sin excepción. La voluntad exige una acción "decisiva".

55. El objetivo de la guerra es llegar a una decisión, de la que se deriva el retorno a la paz. Pero ¿en qué consiste esa "decisión"? No en un simple efecto material producido mecánicamente por la artillería, la aviación, la infantería, etc. La decisión, en la que consiste la victoria, no la producimos ni la tomamos nosotros, sino nuestro adversario. La victoria no es más que la decisión del enemigo de admitir su derrota y dar por terminada la batalla (o nosotros, si somos derrotados)[5].

56. Al convertirse en una posibilidad real, la guerra absoluta cambia la situación. El riesgo ya no es perder esto o aquello, sino todo. Lo que hay que eliminar, sólo para sobrevivir, es la Guerra absoluta, que «no puede ser ganada y nunca debe ser declarada»[6]. Hay que hacerle la guerra a la Guerra, y hacerlo victoriosamente, sin tener realmente la Guerra.

57. ¿Significa esto que la definición tradicional de la guerra como "dialéctica de voluntades"[7] queda obsoleta? En

---

[5] «Si consideramos el concepto total de una victoria, veremos que consta de tres elementos: 1. La mayor pérdida de fuerza material del enemigo. 2. Su pérdida de moral. 3. Su admisión abierta de lo anterior, al renunciar a sus intenciones». [CLAUSEWITZ, Libro Cuarto, Capítulo 4].

[6] Ronald REAGAN y Michail GORBACHEV, Declaración conjunta soviético-estadounidense sobre la Cumbre de Ginebra de 1985 (https://www.reaganlibrary.gov/archives/speech/joint-soviet-united-states-statement-summit-meeting-geneva). Lewis DUNN & William POTTER, "Time to Renew the Reagan-Gorbachev Principle", *Arms Control Today*, marzo de 2020 (https://www.armscontrol.org/act/2020-03/features/time-renew-reagan-gorbachev-principle).

[7] Benoît DURIEUX, *Clausewitz en France. Deux siècles de réflexion sur la guerre, 1807-2007* (Economica, 2008).

otras palabras, ¿que la oposición entre varias voluntades políticas, cada una de las cuales utiliza su propia fuerza, resulta imposible?[8]. Hay al menos dos soluciones obvias a este problema: (1) una efusión de Amor universal que elimine toda enemistad, y (2) la supresión de la pluralidad de voluntades. Si excluimos la primera (después de todo, ¿no sería realmente la solución más razonable?), hacer imposible la guerra equivale a instituir un Leviatán universal: garantizar que ya no existan, en este planeta, varias voluntades políticas independientes, ni varias fuerzas que estas voluntades puedan utilizar, en caso de entrar en conflicto. Así surgió la idea de un *Leviatán universal*.

58. La idea de un Leviatán universal es independiente del estado de desarrollo técnico. Alejandro Magno fue probablemente el primero en formular esta idea e intentar realizarla. Se define como un proyecto de paz universal a través del imperio universal. Hoy lo definimos como una generalización de la doctrina política hobbesiana[9]. Así como, en una sociedad determinada, un Poder (al que Hobbes llama "Leviatán") pone fin al caos de la lucha de todos contra todos (el famoso "estado de naturaleza") desarmando a todos los demás poderes, asegurándose el monopolio de la fuerza legítima e imponiendo la obediencia a la "ley de la naturaleza" (la ley de la paz), del mismo modo, para acabar con el estado de naturaleza internacional, tendría que surgir un Poder único, universal, que hiciera para todo el mundo lo que cada Poder hace en cada nación u otra comunidad política. Los hombres

---

[8] Vladimir SOLOVIEV, *La justificación del bien. Ensayo de filosofía moral*, capítulo IX, sección IV.

[9] Thomas HOBBES, *Leviatán* (Oxford University Press, 1996).

de la Ilustración esperaban así «un gobierno internacional lejano para el que no hay precedentes en la historia del mundo»[10]. La guerra desempeñaría un papel providencial en este advenimiento.

59. El problema de quien decide se reduce así a la siguiente pregunta: ¿podemos, debemos, tener paz con el Leviatán universal (capítulos I-II), o podemos alcanzar esa paz sin él (capítulos III-IV)? Este es el problema principal de este libro.

60. El desarrollo de la tecnología permite que este proyecto de un Leviatán universal, hasta ahora un mero producto de la imaginación, parezca factible. Además, el carácter global de ciertos problemas, más que en el pasado, parece requerir para la administración de un bien común cada vez más universal, el «establecimiento de alguna forma general de poder público»[11]. Sin embargo, el desarrollo técnico actual aumenta enormemente las dimensiones de ese Poder, que en cualquier momento llegaría a ser ya colosal. Ya no sería un poder fuerte que tranquiliza intimidando. Sería cada vez más un poder totalitario, diseñado para crecer hasta su máximo potencial.

61. Si, por miedo a tal Poder, excluimos esta solución, el bien común universal está obligado a requerir otra forma, altamente paradójica, de autoridad pública universal (cap. III), que no sea un superestado global. En ausencia de tal

---

[10] Emmanuel KANT, *Idea para una historia universal*, Octava tesis, VIII, 28.

[11] JUAN XXIII, encíclica *Pacem in terris* (1963), n. 137; Vaticano II, *Gaudium et spes*, n. 82.1; y *Justificación del bien* de Vladimir SOLOVIEV, capítulo 10, sección VII.

solución sin Leviatán, teóricamente no tendríamos otra opción que la de elegir entre el Leviatán universal y la Guerra Real absoluta.

62. El Leviatán universal es una sola voluntad, un solo Estado mundial y una sola fuerza pública, a la que sólo se confía, en aras de la paz, el arma más poderosa, que se añade a todas las demás. «Un totalitarismo supranacional cuya existencia sería provocada por el caos social que resultaría del rápido progreso tecnológico»[12]. ¿Por qué totalitarismo? Porque se trata de un Poder único y absoluto sobre el mundo entero. El desarme total debe imponerse a todo el mundo, y sería totalmente inseguro si sólo fuera externo. Dado el peligro mortal de la guerra, el desarme tendría que ser total y universal: militar y político, pero también económico y cultural. A este poder único, universal y total lo llamamos *Leviatán absoluto*.

63. Por el momento, esto es sólo un concepto, incompleto aquí y allá, pero perfectamente claro. El Leviatán debe destruir todo pensamiento, toda voluntad, toda fuerza independiente. Puesto que la fuerza física no es nada sin la fuerza intelectual y moral, una cultura única tendría que imponerse y destruir todo poder intelectual y moral independiente, individual o colectivo, y todas las voluntades se fundirían en la del Leviatán. La cultura del dominio del Leviatán sería la del poder absoluto; pero su política consistiría en imponer una «cultura de la impotencia»[13] al

---

[12] Aldous HUXLEY, *Un mundo feliz*, Prólogo (DeBolsillo, 2003).
[13] Para un análisis detallado, véase Henri HUDE, *Démocratie durable. Penser la guerre para faire l'Europe* (Éditions Monceau, 2010), Ensayo, 7, especialmente pp. 226 y ss.

resto del cuerpo social (cfr. § 128, 129 y 130 infra). El significado obvio de esta expresión es una cultura que reduce a la impotencia a quienes la adoptan. Sus mecanismos se explicarán a su debido tiempo (§ 124-128). Cualquier pluralidad política, cualquier conservación del poder, cualquier cultura que no sea la de la impotencia sería una amenaza del *crunch* (§ 51), un crimen de terrorismo absoluto.

64. ¿Habrá Leviatán dentro de mil años? ¿Dentro de cien? Lo que es seguro es que, siendo la cultura lo que es, el Leviatán está en ciernes.

65. La filosofía política no es sociología política. "Leviatán" es un concepto puro del futuro de la humanidad, y este concepto debe necesariamente encontrar su realización, si la cultura no cambia muy profundamente. En este sentido, el Leviatán es una tentación para todos, y una amenaza generalizada.

66. Preguntar hoy: «¿Quién es el Leviatán?» no es hacer una pregunta absurda, siempre que tengamos en cuenta que es ante todo una idea y un proyecto racionales. Siendo la cultura dominante lo que ha llegado a ser, el Leviatán es el resultado lógico del instinto de conservación de la humanidad frente al progreso técnico. Por tanto, esta idea y este proyecto van más allá de la simple voluntad de quienes intentan ponerlos en práctica. Es una solución —tal vez falsa, pero irreductible a la maldad y bien distinta del destino— propuesta por principio a problemas muy reales. La sociología analizará los poderes sociales que llevan, o parecen llevar, este proyecto. La filosofía, por su parte, debe tratar de saber exactamente qué es.

67. La interpretación geopolítica de un modelo es más contingente y menos segura que el propio modelo. El modelo es simple y, si se compone de elementos inequívocos, seguirá funcionando correctamente dentro de cien años. La interpretación del modelo, en cambio, depende de una información limitada sobre unos hechos siempre cambiantes y en parte dudosos, sujetos a lecturas contradictorias. Por tanto, la interpretación no debe equipararse al modelo.

68. Puesto que lo que está en juego es nada menos que la prevención de un *big crunch* provocado por el hombre (§ 51), todo le está permitido al Leviatán. Debe tener un poder total sobre todo. Como la seguridad debe llegar a ser absoluta, so pena de muerte para todos, lo que vulgarmente llamamos "libertad" debe desaparecer. El Leviatán lo pacifica todo, acabando con la pluralidad política, con la distinción de poderes, con los derechos humanos y las libertades civiles, con todos esos lujos sin sentido que la humanidad ya no puede permitirse. El objetivo de la seguridad trasciende todos los demás valores y propósitos. Los Estados se funden en uno solo. Todo lo que frena el surgimiento del Leviatán se disuelve.

69. Así es como hay que redefinir la política, para matar la Guerra, condenada a convertirse en absoluto-real y a destruirlo todo. Pero, para matarla para siempre −pues es un peligro siempre recurrente−, hay que hacer la guerra una y otra vez. Ya no una *guerra constituida* (entre varios Estados ya constituidos), sino una *guerra constituyente* del Estado único y pacificado, una guerra contra todo tipo de libertad, en nombre de la primera de ellas, la libertad de sobrevivir. Esto mata la guerra constituida, ya que la

pluralidad política es su condición *sine qua non*, por ser una forma muy fundamental de la separación de poderes, y por tanto de la inadmisible libertad. Pero al mismo tiempo, basándose en la necesidad de seguridad absoluta, la guerra constitutiva se impone como la represión de todas las libertades reales o posibles, la prohibición de toda pluralidad política y la anulación de toda cultura que no sea la de la impotencia (salvo, claro está, la cultura del poder, propia del jefe del Leviatán). *Esta distinción entre guerra constituida y guerra constituyente es fundamental.*

70. Cuando entremos en los tiempos que, verosímilmente, pueden ser ya los últimos[14], la política se concebirá necesariamente ante todo, salvo cambio cultural importante, como la función de impedir la guerra constituida, utilizando todos los medios de constituir la guerra −la guerra contra toda voluntad, toda libertad y todo poder−. Dentro de una cultura moderna o posmoderna, el Leviatán absoluto es una idea tan necesaria en el orden político como la idea del círculo en geometría. Así planea sobre la conciencia, y da sentido objetivamente a lo que hacen los gobiernos inspirados por esta cultura.

71. Veamos más de cerca las prerrogativas del Leviatán. El Leviatán tendrá a su disposición todas las fuerzas armadas nacionales, que se habrán convertido en escuadrones internacionales de policía móvil; las propias naciones se habrán convertido en meras divisiones administrativas territoriales dentro del Estado. Esta organización única y rigurosa impedirá la proliferación y diseminación de armas.

---

[14] René GIRARD, *Achever Clausewitz. Entretiens avec Benoît Chantre* (Carnets Nord, 2007).

72. Todos los grupos armados ajenos a las fuerzas públicas mundiales serán clasificados como terroristas. La independencia nacional, la autonomía local, la libertad de asociación y la libertad individual dejarán de ser relevantes[15]. Dado el nivel de riesgo, el principio de precaución exigirá que todos los ciudadanos y grupos sean considerados terroristas potenciales y sometidos a vigilancia continua. Todo opositor al Leviatán se convierte en un irresponsable, en un imprudente, loco, insurgente, terrorista, criminal, porque la humanidad sólo puede elegir entre (1) la Guerra o (2) la política del Leviatán (la acción continua, universal e irresistible de la fuerza del Leviatán, constitutiva y conservadora).

73. El Leviatán es la solución al problema de la verdadera Guerra Absoluta, pero a condición de que se repriman todas las reivindicaciones de libertad, todas las reivindicaciones de derechos naturales. Esta represión es la esencia de la política del Leviatán. Es, en efecto, una guerra contra toda pluralidad que pueda renacer: contra los pueblos y las naciones, contra los individuos, los grupos, las familias, contra todas las libertades. Mediante este acto de fuerza heroico y titánico, el Leviatán, Estado único y total, injustamente amenazado por el odio sordo de todos, pero indiferente, libre y resuelto, seguro de su derecho al poder absoluto, se impondrá a todos, no sin el consentimiento de todos, y verdaderamente fiel a la llamada de todos. Así, los obligará a todos a un desarme total (militar, político, jurídico, técnico, físico, moral e intelectual). De

---

[15] «Porque mientras cada hombre tenga el derecho de hacer lo que quiera, todos los hombres estarán en guerra», Thomas HOBBES, *Leviatán*, I, XIV, 5.

lo que era un caos de naciones e individuos en peligro de muerte, se convertirá en un único pueblo mundial, ya no aterrorizado, sino tranquilizado por su sumisión —en parte feliz, en parte airada— al poder mundial absoluto. Salvo un profundo cambio cultural, tal es nuestro futuro.

74. Para preservar el derecho de la humanidad a la supervivencia, el Leviatán neutralizará cualquier amenaza, incluso preventivamente, de forma discrecional. Generalizará y banalizará la práctica antiterrorista del *asesinato selectivo*[16], pero no sólo contra individuos, también contra grupos humanos.

75. El Estado Leviatán seguirá siendo una República, única y universal. Seguirá existiendo un pacto social. Este pacto se hará entre cada individuo aterrorizado de la Tierra y el Leviatán único, dotado de un poder absoluto, tanto espiritual como temporal, cuya única ley será la salvación pública. Será la razón misma y el libre albedrío de cada individuo de la Tierra.

76. Para ser lo suficientemente fuerte, el Leviatán debe permanecer concentrado. Debe incluir sólo a la élite rica y culta —y sólo a ella—, siempre que esta se adhiera a la política del Leviatán. Ellos son los que se beneficiarán del progreso médico[17]. ¿Cuál será la relación entre los ricos

---

[16] Michael GROSS, *Moral Dilemmas of Modern War: Torture, Assassination, and Blackmail in an Age of Asymmetric Conflicts* (Cambridge University Press, 2009); Asa KASHER & Amos YADLIN, "Military Ethics of Fighting Terror: Principles", en *Philosophia* 34 (1), 2006, pp. 75-84.

[17] «La mayoría de la gente probablemente solo desempeñará un papel menor, si es que desempeña alguno, en estos proyectos... Miles de millones de humanos... seguirán lidiando con la pobreza... mientras

y el resto? «La relación entre humanos y animales es el mejor modelo que tenemos para la futura relación entre superhumanos y humanos»[18]. Sin duda, por ese motivo la cultura de la impotencia habla tanto de los derechos de los animales y promueve la alimentación vegetariana. Los individuos inferiores se tranquilizan al saber que no acabarán como *carne picada.*

77. Quedará excluido de la soberanía el pueblo, y sobre todo las clases medias, si es que queda alguna. Estas masas se verán privadas de derechos políticos y económicos. Esta privación estará garantizada por la vigilancia biocrática, la represión y la prevención, incluyendo el aumento o la disminución genética, el control cerebral a distancia y la ingesta regular de diversas drogas/medicamentos prescritos. Las elecciones probablemente podrían continuar sin muchos inconvenientes, pero necesitaremos estar seguros de que su resultado no pondrá en peligro al Leviatán. El miedo angustioso a la muerte y a la guerra, y la cultura de la impotencia, nos permitirán asociar una servidumbre tranquilizadora con una conciencia feliz de seguridad y libertad.

78. El análisis del Leviatán tiene inevitablemente el tufillo de una "teoría de la conspiración". Digamos unas palabras al respecto. Lo que llamamos "conspiracionismo" se sitúa

---

las élites alcanzan la eterna juventud y poderes divinos», Yuval HARARI, *Homo Deus. Una breve historia del mañana* (Harper Perennial, 2017), p. 64; «¿Puede alguien imaginar un mercado más prometedor que el de la eterna juventud?» (*ibíd.*, p. 32-33); «los clientes pagarían lo que hiciera falta» (*ibíd.*, p. 33).

[18] HARARI (2017), p. 77. «La relación entre humanos y animals es el mejor modelo del que disponemos para para las futuras relaciones entre superhumanos y humanos».

en la encrucijada de (i) una tradición filosófica hipercrítica, (ii) la nueva lucha de clases posmoderna y (iii) la dinámica histórica tendente a la realización del Leviatán.

A) La conspiración filosófica es central en la constitución de la razón crítica moderna y posmoderna. Marx, Nietzsche y Freud se propusieron revelar o denunciar los intereses ocultos, materiales o impulsivos, inconscientes o enmascarados, que mueven todos los hilos de nuestra vida individual o social. Más radicalmente, este conspiracionismo se remonta a Descartes. Su característica principal es la "duda", base de la modernidad filosófica, que resulta inoperante sin la introducción del "Genio Maligno", un poder oculto, ficticio o misterioso que, en su poder y malignidad, «ha empleado toda su industria para engañarme»[19]. Pero entonces,

B) ¿por qué las élites modernas y posmodernas odian la "conspiración"? Por las mismas razones que Descartes reservó el uso de la razón moderna y crítica para una élite pensante y conservadora. Si todo el mundo empezara a dudar de todo en moral, derecho, historia, religión y, sobre todo, política, habría revolución, comunismo o anarquía. Las élites ilustradas posmodernas no odian la razón hipercrítica (y por tanto *conspirativa*, en el sentido filosófico de la palabra), pero como han perturbado ciertos equilibrios sociales y renovado la lucha de clases, sí temen la revolución, si el uso de la crítica no sigue siendo su monopolio, o no estuviera suficientemente controlado. La globalización, por ejemplo, sería entonces objeto de una crítica más o menos marxista. El marxismo ha

---

[19] René DESCARTES, *Meditationes de prima philosophia*, "meditación I": «*Sed genium aliquem malignum eundemque summe potentem et callidum omnem suam industriam in eo posuisse, ut me falleret*».

acostumbrado durante mucho tiempo a las mentes a ver las ideologías como las máscaras de los poderes y sus medios de dominación. En consonancia con esta idea, los teóricos de la conspiración (especialmente en los países desarrollados y desde hace tiempo) ven en el elogio de la globalización una ideología al servicio de las élites y el capital contra el pueblo y el trabajo;

C) los elementos A) y B) convergen con la dinámica del Leviatán, que se desarrolla en virtud de una lógica bastante impersonal e involuntaria, que supera a todos aquellos que se enorgullecen de haberlo creado. Las élites creen, a menudo de buena fe, que el Leviatán es la solución, aunque tengan reservas sobre uno u otro aspecto. El Leviatán favorecerá sin duda a las élites, pero sus privilegios servirán al interés general, y el pueblo es bastante irresponsable cuando se opone a él. Sus demagogos populistas serán terroristas en potencia. El pueblo, que no lo ve así, piensa como George Orwell, y atribuye la dinámica histórica a la psicótica voluntad de poder de unas élites monstruosas y perversas, de las que siempre es legítimo y racional esperar lo peor.

En resumen, el término "conspiración" es algo contradictorio, ya que tiende a descalificar una crítica política de la globalización en nombre de una razón moderna o posmoderna que, sin embargo, es filosóficamente conspirativa. También es fuente de confusión, porque mezcla cuestiones políticas relativamente clásicas y atemporales (como las tensiones entre oligarquía y democracia) con la problemática del Leviatán, específica de la era hipertécnica.

79. Completemos ahora nuestro análisis del Leviatán. Bajo su imperio, la guerra sólo puede existir entre el Poder y cada individuo o grupo, grande o pequeño,

potencialmente delincuente o rebelde. Esta guerra, bien llevada, se reducirá a una acción de *policía* política y cultural tranquilizadora, tan amplia como sea necesario, pero llevada con discreción, y a una acción de *guardia civil* o de *fuerzas especiales*, o de *policía política secreta*, contra todo intento de secesión o de sedición (liberación). *Esta guerra será permanente y sin fin*, como lo es para la policía la lucha contra el hampa.

80. El pacto social implica la adhesión a la política del Leviatán (su guerra constituyente). La libertad del pacto social existe auténticamente como adhesión incondicional al totalitarismo de seguridad global, que se ha convertido en el único régimen razonable imaginable. Y todos los liberales racionales se han unido finalmente al despotismo ilustrado.

81. El Leviatán no podrá permitirse, especialmente dentro de unas décadas, que un solo lobo solitario se cuele en su red, ni siquiera por un momento. Uno solo bastaría para destruirlo todo. El control universal será, por tanto, preventivo. La vigilancia será continua y no sólo se centrará en las apariencias externas, sino también en todo lo que no puede verse a simple vista, como las ondas cerebrales y los flujos hormonales. Todo lo que no esté autorizado deberá prohibirse bajo las penas más severas.

82. El Leviatán lo controlará todo. El intento y la intención se castigarán tanto como la acción. Una película de ciencia ficción como *Minority Report* es una buena aproximación. Como es imposible correr el menor riesgo de reincidencia, la eliminación extrajudicial es la única medida concebible contra cualquier ejercicio intempestivo de la libertad. Pero el Leviatán estará libre de preocupaciones.

Con el progreso técnico, la muerte no es más que una obliteración instantánea, indolora, no trágica y no anunciada. La opinión pública se limitará a creer que se trata de una muerte natural.

83. Al Leviatán le interesa hacer creer que la guerra es un efecto inevitable de la crisis ecológica descontrolada, ya que esta sería la causa de una crisis alimentaria mundial, que conduciría a una lucha furiosa de todos por los medios de subsistencia. En última instancia, esta crisis es a su vez el efecto de la proliferación humana[20]. Por tanto, la paz exigirá que el Leviatán tenga derecho a regular la demografía e imponer una moral adecuada –libertariana o rigorista, según los casos– para garantizar que se respeten las cifras establecidas. Aldous Huxley entendía que la reproducción de la especie es un asunto demasiado serio para dejarlo a la libertad de los individuos. También en este caso, una película de ciencia-ficción como *Gattaca* ofrece una aproximación bastante buena. «El amor a la servidumbre solo puede establecerse como resultado de (...) una técnica muy avanzada de la sugestión (...), y un sistema de eugenesia a prueba de tontos, destinado a estandarizar el producto humano y a facilitar así la tarea de los dirigentes»[21]. El totalitarismo demográfico y eugenésico, así como el moralismo sexual más imperioso (laxo o riguroso, en función de lo que exija la utilidad social), serán por tanto indispensables para el control social y político, a menos que se produzca un cambio cultural importante, y esto (hay que señalarlo) con independencia de lo que razonablemente se pueda pensar sobre los temas de la demografía y la ecología. Todo

---

[20] Jared DIAMOND, *L'effondrement* (Gallimard, 2005).
[21] Aldous HUXLEY, *Un mundo feliz*, Prólogo (DeBolsillo 2003).

crecimiento es incompatible con el totalitarismo, sin el cual no puede existir un verdadero Leviatán ni, por tanto, una paz mundial garantizada.

84. Es el concepto puro del estado que debe resultar necesariamente de la guerra constituyente universal. Es un concepto que capta el fin del desarrollo de la cosa, y por tanto su ley. Es inevitable que, salvo un cambio políticocultural adecuado, salvo una nueva solución al problema de la seguridad (capítulos III-IV), la realidad tienda asintóticamente a identificarse con este concepto. En algunas partes del mundo, se identifica continuamente con él, a veces porque los gobiernos así lo quieren, a veces porque hacen involuntariamente lo que conduce a esta identificación. Este análisis no dejará de ser cierto, y cada vez más, mientras no se reforme la tecnología y el pensamiento que la acompaña: nuevo humanismo y nueva tecnología humanista. Si en algunos lugares damos algunos pasos en la dirección de esta reforma y de este nuevo humanismo, también tenderemos a liberarnos de esta lógica.

85. Continuemos nuestro análisis. Se vigilará constantemente el estado físico y mental de las personas. A la menor alerta, se actuará. La urgencia exigirá que las decisiones, incluida la eliminación, sean tomadas por máquinas, como ya ocurre en el caso de los terroristas. La tarjeta de identidad utilizada para comprobar que un individuo cumple los requisitos de seguridad será incorporada, actualizada y legible en tiempo real en cualquier momento por el Leviatán, incluyendo todos los datos políticos, culturales, sociales, médicos y psiquiátricos que consten en el expediente. Cualquier cosa que pueda requerir reacciones proporcionadas del Poder será instantáneamente puesta

en su conocimiento, y el mismo Poder tendrá acceso permanente, a través de las interfaces apropiadas, al cuerpo y al cerebro de cualquier individuo para producir instantáneamente todos los efectos necesarios para la seguridad pública. El Leviatán promoverá también todas las mutaciones genéticas susceptibles de minimizar el riesgo de delincuencia y, sobre todo, de independencia. A falta de una revolución cultural, de la que el hombre es plausiblemente incapaz, será responsabilidad moral del Leviatán instaurar biocráticamente este estado de cosas mediante decisiones valientes, que probablemente nadie tomará a la ligera. Al final, la gente se unirá en torno a ellas.

86. El progreso técnico permitirá intervenciones cada vez más poderosas en el cuerpo humano: cerebro y genoma sobre todo, pero no sólo. Este poder de control tendrá que establecerse bajo el disfraz del progreso médico, y puede establecerse sin demasiada dificultad colgando ante los ojos de la gente la promesa de la fuente de la juventud y de la vida inmortal[22]. Al Leviatán no le faltarán pretextos de seguridad, o ilusiones filosóficas, para utilizar a los militares como cobayas para sus intentos de "aumento". Lo cierto es que, mientras no dispongamos de una filosofía del hombre adecuada y de una matemática superior, trascendente a la que tenemos, y capaz de permitir formalizaciones no reductivas del fenómeno vivo, confundiremos la genética con el mecano. La medicina será enteramente materialista, y es poco probable que sus promesas se cumplan. Al contrario, lejos de crear un superhombre y una supernaturaleza, provocaremos otras dos crisis ecológicas,

---

[22] «La muerte es un problema técnico»; y «todo problema técnico tiene una solución técnica». HARARI (2017), pp. 25 y 26.

una que afectará al cerebro y otra al genoma[23]. Pero el control de la información quizá nos permita enmascararlas.

87. Sería un error ver en esto sólo cinismo. El que quiere el fin quiere los medios. Pero, ¿no son estos los únicos medios para sobrevivir? La cultura del poder es un humanismo. Con el progreso, el hombre-dios será técnicamente producible. Si el materialismo es un medio, el fin es la divinización. Sólo el materialismo puede mantener las promesas de la religión: la beatitud y la vida eterna. Pero hay que ser razonables. El humanismo no es para todos; no puede ni debe serlo. En adelante y para siempre, en la Tierra sólo habrá lugar para poderosos hombres-dios y animales sin libertad. La élite ascenderá, las masas caerán, y así el mundo sobrevivirá. Esto será justicia. Y las masas médicamente disminuidas adorarán a sus dioses vivientes médicamente aumentados. Tendrán una religión, mientras la genética no permita que sea de otro modo.

88. El Leviatán tendrá derecho a determinar el número de individuos que dejará vivir o morir, la duración de su vida, el grado de desarrollo mental que podrán alcanzar, según el número deseado de las diversas clases biológicas constituidas por aumento o disminución genética. A veces seleccionará

---

[23] Centre de Recherche des Écoles DE SAINT-CYR COËTQUIDAN, *Le soldat augmenté. Les besoins et les perspectives de l'augmentation des capacités du combatant* [El soldado aumentado. Las necesidades y las perspectivas del aumento de las capacidades del combatiente], Actas de una jornada de estudio, 19 de junio de 2017, en el Ministerio de las Fuerzas Armadas, en *Cahiers de la Revue de la Défense Nationale*, 2017. Publiqué en este *Cahier* un ensayo titulado «Réflexion éthique sur le soldat augmenté : vers une interdiction conventionnelle?» ["Reflexión ética sobre el soldado aumentado: ¿hacia una prohibición convencional?"].

las categorías a eliminar según las exigencias de la utilidad colectiva y de la seguridad universal. La cultura de la impotencia deberá convencer a las masas de que son demasiadas, culpables de existir, de destruir el planeta, de creerse superiores a las bestias, y de que Leviatán es demasiado bueno para no haber acabado ya con ellas. Como de lo que se trata es de salvar a la raza humana, su ciencia, su tecnología y su poder, no habrá nada contradictorio en pensar que el humanicidio[24] podría ser la cumbre del humanismo (a menos que imaginemos un nuevo humanismo).

89. Con el progreso técnico, al menos tal como lo conocemos, cada vez más personas serán inútiles. ¿Quizá útiles sólo para consumir, si se les pagan rentas que se contarán como deudas? El Leviatán examinará fríamente todas las hipótesis, sin excepción: tantos hombres son demasiados. El término "esclavo" es aquí tentador, pero no es apropiado para designar a los inútiles, ya que el Leviatán no impone el trabajo forzado, porque ya no hay trabajo para ellos. El Leviatán será humanitario: mantenerlos con vida, como a una plebe urbana ociosa, evitando que aumente su número y, si es posible, reduciéndolos. Esa será la solución más ética. Mientras tanto, hay que prever que los inútiles habrán formado durante mucho tiempo una clase social insatisfecha y peligrosa, a la que siempre habrá que controlar cuidadosamente, preferiblemente no con la violencia, sino con el miedo y la cultura de la impotencia, sin humillarles demasiado en su conciencia y en su dignidad de humanos y de ciudadanos. Por encima de esta masa de ciudadanos inútiles y sumisos, habrá lugar para una clase útil de ciudadanos-humanos

---

[24] Maurice LACROIX, *L'humanicide. Pour une morale planétaire* (Plon, 1994).

libres (policías, soldados, jueces, ingenieros, etc.), a los que habrá que mantener cuidadosamente en la docilidad, al servicio de los oligarcas y/o de la monarquía (§ 141). Los oligarcas y los hombres libres más importantes formarán la "élite totalitaria", el "Partido del Leviatán". Este será el régimen del Leviatán universal, hacia el que el mundo deberá tender si quiere evitar la Guerra.

90. En resumen, el Leviatán es: un Imperio universal, un régimen político totalitario con una cultura del poder y de la guerra para su élite, una economía fundamentalmente inigualitaria, liberal y tecnocrática de proporciones variables, una cultura de la impotencia para la sociedad (que reduce a la impotencia a quienes la absorben y creen en ella) y, por último, un Estado social, compatible con la cultura de la impotencia (es decir, la semiesclavitud sin trabajos forzados).

91. Así que la pregunta que se plantean los responsables de la toma de decisiones es: «¿Debe comprarse la seguridad de la humanidad a este precio? ¿Debe convertirse la supervivencia en el único sentido de la existencia?». Esta pregunta lleva a otra, la de si podríamos hacer otra cosa, y cómo. Pero antes de aventurar cualquier respuesta, consideremos la guerra, esta vez ya no desde fuera, sino desde dentro, como surgida de la naturaleza, el alma y la cultura humanas, pues quienes no entienden la guerra están condenados a sufrirla y a perderla.

II. LA GUERRA VISTA DESDE DENTRO

92. ¿De dónde viene la guerra? La verdad es que, políticamente, hay objetivos de guerra, cuestiones de poder,

riqueza, autoridad, rango y seguridad. Estas son las principales cuestiones que debe tener en cuenta el responsable de la toma de decisiones. Pero debe ser consciente de que estos objetivos son en parte racionalizaciones de deseos tácitos y reacciones indescifrables; o sólo en parte, variando según los individuos y los grupos.

93. Hoy en día, nos inclinamos más a ver al Hombre como un animal pacífico y manso, convertido en agresivo y belicoso por el progreso de una cultura y una civilización artificiales: oprimido por una sociedad que violenta su libertad natural[25], trastornado por la proliferación de máquinas que lo someten a un ritmo que no es el suyo[26]. Así se sentían los románticos y sus sucesores posmodernos (filósofos, prehistoriadores eruditos y antropólogos)[27]. Una hipótesis tentadora que, por desgracia, los archivos de la humanidad, por muy atrás que se remonten, apenas validan[28].

---

[25] Jean-Jacques ROUSSEAU, *Discours sur les origines et les fondements de l'inégalité parmi les hommes (1755)*, Garnier-Flammarion, 1971, p. 195. «Sobre todo, no concluyamos con Hobbes que el hombre es naturalmente malo sólo porque no tiene idea de la bondad, que es vicioso por falta de cualquier conocimiento de la virtud, que siempre se niega a hacer a sus semejantes servicios que no cree deberles, o que en virtud del derecho que razonablemente reclama sobre las cosas que necesita, se imagina estúpidamente que es el único propietario de todo el universo».

[26] Ludwig KLAGES, *Vom Wesen des Rhythmus* (Kampen, Sylt, 1933).

[27] Para un estudio muy esclarecedor del romanticismo en su relación con la posmodernidad, véase, Jean DUCHESNE, *Incurable romantisme? La pandémie culturelle qui défie la nouvelle évangélisation* [¿Romanticismo incurable? La pandemia cultural que desafía a la nueva evangelización] (Parole et silence, 2013).

[28] Jean GUILAINE y Jean ZAMMIT, *Le sentier de la guerre. Visages de la violence préhistorique* [*Sendero de guerra. Rostros de la violencia prehistórica*] (Seuil, 2001).

94. Por otra parte, podemos imaginar la guerra como el resultado de un déficit de razón, un resto de animalidad. Este era el pensamiento de los grandes pensadores de la Ilustración, los racionalistas. Más optimistas que nosotros, creían que la Naturaleza, o la Providencia, ponía la guerra al servicio del progreso hacia la paz perpetua[29].

95. Algunos otros dividen al hombre en dos partes, y acusan a una u otra de ser la causa del mal: como si la "naturaleza" en el hombre fuera meramente su "animalidad perversa"; o como si el espíritu fuera esencialmente puro y bueno, cuando sólo él puede llevar el mal hasta el infinito; o, por el contrario, como si el espíritu y la cultura fueran una especie de enfermedad o perversión, para una animalidad esencialmente inocente. Todo esto es insuficiente.

96. Sin el uso asesino de la fuerza, la Naturaleza viva, que es una cadena alimentaria única, desaparecería. El hombre forma parte de esta cadena y no tiene por qué sentirse culpable. Esta muerte como condición de vida expresa una solidaridad ruda y en cierto modo sacrificial dentro del orden de la Naturaleza. Los depredadores se comen a las especies-presa, lo que les permite sobrevivir regulando su demografía. Si el hombre fuera sabio, estaría orgulloso de ser un depredador universal, porque se comportaría como un regulador universal. Pero para que eso ocurra, necesitamos apreciar la sabiduría de la Naturaleza. Nada se ha vuelto más ajeno a la mente occidental que estos conceptos de orden natural y sabiduría de la naturaleza. Sin duda esto se debe a la hipertrofia de la tecnología, que nos vuelve miopes frente a todo lo que es orden o dinamismo o

---

[29] Emmanuel KANT, *La paz perpetua: Ensayo filosófico*, segunda sección, II.

finalidad espontáneos. Pero la "guerra" es algo distinto de la necesidad de alimento que impulsa a los vivos a cazar o pastar.

97. En primer lugar, nuestras guerras humanas no nos enfrentan a otras especies, sino que tienen lugar dentro de la misma especie, la nuestra. Los animales sin razón, pero no sin instinto, también luchan dentro de la misma especie, y muchas decisiones, incluidas las que determinan el rango y el coito, son el resultado de un enfrentamiento. Sin embargo, la matanza intraespecífica es excepcional entre los animales sin razón[30]. Tenía que ser así. «La fuerza es la ley de las bestias»[31]. Entre ellas, el uso de la fuerza es tan frecuente que la especie desaparecería si el combate pudiera ser a muerte. Por ello, la naturaleza dotó a todos los individuos no sólo de un espíritu de lucha, sino también de instintos que inhiben la violencia. El impulso agresivo se extingue en cuanto la breve prueba ha designado al vencedor. El hombre carece claramente de este tipo de instinto irresistible, y por eso los dominantes luchan salvajemente hasta la muerte, a menos que intervenga una cultura de paz, cuya necesidad debe llegar a ser hasta cierto punto absoluta, desde el momento en que la guerra puede conducir a la extinción de la especie.

98. Existen ejemplos de matanza intraespecífica entre los chimpancés. Adopta la forma de incursiones de un

---

[30] Para aclarar y matizar esta afirmación general, véase, Konrad LORENZ, "Le meurtre entre congénères" ["El asesinato entre congéneres"] (1955), en L'homme dans le fleuve du vivant [El hombre en el flujo de la vida] (Flammarion, 1981), p. 34.

[31] Nicolas MALEBRANCHE, Traité de morale [Tratado de moral] (Flammarion, 1999), Parte II, Capítulo XI, V, p. 244.

pequeño grupo de matanza, que se resuelve en el asesinato de individuos débiles y aislados del grupo vecino. Pero la matanza intraespecífica también se da en truchas y lucios[32]. Dado que tales sucesos se dan en los peces, parece dudoso que los chimpancés sean protohumanos. Como en los peces, estos asesinatos parecen ligados a una falta de espacio vital, como si el instinto animal que inhibe el asesinato intraespecífico estuviera a su vez inhibido en ciertos casos por un instinto prioritario de protección del espacio vital del grupo. Es un hecho que el hombre puede luchar a muerte por el territorio y el sustento, pero en él esa lucha tiene significados culturales que van mucho más allá de un instinto.

99. En segundo lugar, nuestras guerras, en sentido estricto, no se libran entre individuos, sino entre grupos. Como violencia asesina organizada entre sociedades enemigas de la misma especie, la guerra parece ser una especificidad humana que no tiene equivalente entre los vertebrados. Por todas estas razones, probablemente no debería considerarse como un residuo de la animalidad, sino como algo arraigado en las especificidades humanas: la razón y la cultura.

100. No obstante, podemos perseverar en la búsqueda de explicaciones evolutivas. Los animales depredadores tienen comportamientos agresivos innatos, ordenados por el cerebro límbico y controlados por el cerebro superior, que tiene en cuenta las circunstancias, los riesgos, etc. ¿Cómo es posible, nos preguntamos, que esto haya desaparecido por completo del cerebro humano? Pero las teorías

---

[32] LORENZ (1981), p. 34.

sugieren que difícilmente descendemos de animales especialmente depredadores. Por ello, los etnólogos proponen explicaciones más sutiles. El hombre es por naturaleza un cazador depredador y, por tanto, tiene una herencia genética depredadora. Así, podemos pasar de cazar animales a cazar personas. Y como cazamos en manada, el hombre cazador podría convertirse en guerrero. Estas teorías son plausibles sobre el papel. Pero parece que la gran caza es una industria relativamente reciente en la raza humana. Es más, otros pensadores, empezando por Rousseau, intentan explicar la guerra por la aparición de la propiedad privada, cuya difusión masiva se atribuye a la invención de la agricultura[33], que puso fin a la economía cinegética. Así pues, estas teorías se destruyen mutuamente. Sobre todo, si el hombre era bueno por naturaleza, ¿por qué no iba a ser un buen cazador por naturaleza, desprovisto de malicia hacia sus congéneres, a pesar de sus instintos depredadores? ¿Por qué no iba a ser un agricultor naturalmente amable y acogedor, un terrateniente naturalmente bondadoso, generoso, solidario y compartidor?

101. Tenemos una concepción continuista de la historia de la vida. Esto se remonta a la época en que los fenómenos físicos parecían totalmente analizables como sistemas de ecuaciones diferenciales. Por eso se pensó que era lógico aplicar el principio de continuidad a la biología, e incluso a la metafísica. Pero en física, este principio ha sido machacado hasta la saciedad. Por tanto, no hay razón para mantenerlo rigurosamente en biología. Cuando se trata

---

[33] ROUSSEAU (1984), segunda parte: «Son el hierro y el trigo los que primero civilizaron a los hombres y arruinaron al género humano» (p. 116).

de explicar la guerra, la biología histórica es probablemente una pista falsa. Busquemos en otra parte.

102. Si persistiéramos en mirar a la biología, podríamos acusar a la masculinidad de ser la causa de la guerra. El macho, y ya no el animal en el ser humano, sería la causa de la guerra. De hecho, la agresividad parece estar vinculada a la secreción de testosterona, una hormona cuyos niveles son siete veces superiores en los hombres que en las mujeres. Sin embargo, la testosterona es una hormona con una amplia gama de funciones, independientemente de la formación de la virilidad, por lo que también existe y actúa en las mujeres. Es más, todos conocemos a hombres apacibles y sumisos, y a mujeres agresivas y dominantes, sin que haya motivos para sospechar anomalías endocrinas en ninguno de ellos. Por tanto, la explicación no es muy convincente.

103. Desde que la tecnología lo ha invadido todo, ya no entendemos mucho sobre la diferencia sexual y las diferenciaciones funcionales que la acompañan. En el pasado, sin una tasa de fecundidad muy elevada, la especie humana habría desaparecido. Con una tasa de mortalidad elevada, en ausencia de una medicina eficaz y fuera de hábitats especialmente favorables, la raza humana no era viable de otro modo. Como las mujeres estaban frecuentemente embarazadas o dando el pecho a sus hijos, se impuso una división racional de funciones para evitar la extinción de la especie. Por eso, hasta hace poco, la inmensa mayoría de los guerreros eran hombres, y también la mayoría de los dirigentes políticos, debido a la relación entre política y guerra. Dicho esto, la zarina Catalina II y la reina Isabel I de Inglaterra, aunque clásicamente femeninas, no eran modelos de pacifismo o mansedumbre.

104. Que los hombres fueran los guerreros no basta, por tanto, para considerar a los varones como la causa de la guerra. Esto es tanto más probable cuanto que vemos que el feminismo posmoderno en Occidente reivindica que las mujeres deberían poder asumir la función guerrera en pie de igualdad y detentar una parte igual del poder militar[34].

105. La cultura posmoderna oscila también entre dos tesis contradictorias. Por un lado, aprisiona al varón en la fatalidad de su identidad biológica, considerada indestructiblemente violenta, pero, por otro, relativiza cualquier carácter supuestamente masculino como un estereotipo culturalmente construido[35], y, por tanto, deconstruible. Pero debatir en profundidad estas cuestiones nos desviaría del tema. Baste concluir que la guerra no es un fenómeno animal o masculino, sino específicamente humano. Sólo queda por determinar a qué precisamente, en nuestro ser espiritual, está vinculada la guerra en nosotros. ¿A la razón? ¿A la libertad? ¿A lo sagrado?

106. La guerra está profundamente arraigada en el psiquismo, porque el hombre no puede vivir en paz mientras su psiquismo necesite encontrar su equilibrio dinámico, ya sea individual o colectivo, entablando una lucha contra el Mal. Así pues, necesita un enemigo, sea quien sea, que

---

[34] ARISTÓTELES, en su *Política*, VI, 2, observó que «los hombres son gobernados por sus esposas, lo que ha sido el caso de muchos pueblos valientes y guerreros». Citado acertadamente por ROUCHE con Benoît de SAGAZAN, *Petite histoire du couple et de la sexualité* [*Breve historia de la pareja y la sexualidad*] (CLD, 2007), p. 22. Véanse también las pp. 16, 22-25, 69 y 84.

[35] George WEIGEL, "Catholic Progressives and the Culture War", en *National Catholic Register*, 18 de noviembre de 2021 (https://www.ncregister.com/commentaries/catholic-progressives-and-the-culture-war).

simbolice este Mal, sea como sea que lo vea. Esta lucha, con su dimensión metafísica, dará sentido a su existencia sin sentido. Y como el hombre es un animal social, esta lucha contra el Mal tiene que adquirir un carácter social. El resultado es la guerra. Por tanto, la guerra es en parte un problema psiquiátrico y metafísico, aunque también dependa de cuestiones económicas y políticas racionales.

107. Un responsable nunca entenderá la guerra sin cuestionar el Mal, y viceversa. Este cuestionamiento incluye siempre una especie de autoanálisis existencial. Por supuesto, los efectos de los mecanismos psíquicos descubiertos son muy generales, y no explican por sí solos la guerra. Y no debemos olvidar que la guerra es un grado de violencia completamente diferente de las disputas sociales, o de los conflictos cotidianos y familiares que parecemos necesitar en nuestra «minúscula locura»[36]. Así pues, tendremos que limitarnos aquí a recordar algunas leyes fundamentales.

108. En el esquema de Freud, primero fue la pulsión, luego su frustración, después las compensaciones mediante la sublimación, luego, tras su fracaso, la neurosis. Y si la neurosis (que no deja de ser una solución) fracasa, la depresión o la psicosis. Se ha postulado que la pulsión agresiva es tan original como la sexual, y su represión[37] y frustración, así como las neurosis resultantes, podrían estudiarse en paralelo. Creo que el modelo freudiano es muy cierto, y

---

[36] Jacques ANDRÉ, *Folies minuscules* [*Locuras minúsculas*], seguido de *Folies meurtrières* [*Locuras asesinas*] (Gallimard, 2008).

[37] Una sugerente aplicación de esta teoría general del deporte es la de Norbert ELIAS y Éric DUNNING, *Sport et civilisation. La violence maîtrisée* [Deporte y civilización. *Violencia controlada*] (Fayard, 1994).

muy esclarecedor, siempre que comprendamos que, en el ser humano, el verdadero deseo frustrado fundamental no es ni sexual ni agresivo, sino sobre todo metafísico[38]. Este impulso existe en los más rústicos e incultos. La guerra nace de la frustración de este impulso, y las atrocidades de la guerra nacen de su inversión en una dinámica de amor al Mal y de descenso a los infiernos.

109. El hombre no puede infinitizar los bienes finitos sin dramatizar los males igualmente finitos, como si fueran infinitos. Tiene la idea del Mal, la del Absoluto, y juntando las dos, imagina una cuadratura del círculo: el Mal absoluto, o un Absoluto que sería el Mal. Y como ama el Absoluto, también puede amar el Mal. Así, se siente fascinado, engullido por el Mal, imaginado como un Anti-Dios, o peor aún, como una de las caras de Dios, que incluiría en sí mismo tanto el Bien como el Mal. De este modo, la dramatización se convierte fácilmente en la sublimación del Mal. La profundidad y complejidad de lo que se denomina "demonización" es evidente. Imaginamos a los adversarios o contradictores como enemigos absolutos, encarnaciones del Anti-Dios. Pero también somos cómplices y casi amantes de ese Mal-Dios. Por eso, a veces, nuestra culpabilización llega hasta la autodiabolización. Este infierno interior oculta y produce un potencial ilimitado de violencia y crueldad.

110. John Keegan, que sabía todo lo que había que saber sobre la historia de la guerra, se interesó mucho por la

---

[38] Henri HUDE, *Ce monde qui nous rend fous. Réflexion philosophique sur la santé mentale* [*Este mundo que nos vuelve locos. Reflexión filosófica sobre la salud mental*] (Mame, 2019), 1ª meditación, p. 19-36.

obra de Harry Holbert Turney-High[39], quien «describió con sangriento detalle las prácticas de tortura de cautivos, canibalismo, toma de cabelleras, caza de cabezas y evisceración ritual allí donde se encontraban».[40] Estas prácticas de tortura sistemática van más allá de las simples masacres a machetazos, o de las industrias de liquidación en masa, o de los bombardeos con armas de destrucción masiva, atestiguados en el siglo XX. Mel Gibson retrató este tipo de cosas en su película *Apocalypto*. Pero fue extremadamente "suave" en su evocación. El espectáculo habría sido insoportable. No hay ninguna explicación biológica o evolutiva razonable para una ferocidad tan refinada. Tales excesos forman parte de la búsqueda del equilibrio psíquico mediante el descenso a los infiernos y el culto al Mal. Estas atrocidades no son ni la animalidad ni su patrimonio, sino la expresión particularmente significativa de una cultura de la guerra y de la transgresión, una especie de erótica de la agresión, sacralizada como mística de la Naturaleza y del Mal. Estas atrocidades no son monopolio de la Antigüedad.

111. La neurosis tiene tres dimensiones: (1) huida del Mal en la diversión histérica; (2) imposibilidad de huida y aplastamiento por el Mal no identificado, horror de la angustia incomprensible, derivación en fobias, paradójicamente tranquilizadoras, como el miedo a la enfermedad; (3) lucha contra el Mal, rabia por imponer el Bien por la fuerza, ataque contra las encarnaciones del Mal. Pero como también odiamos la dualidad del bien y del mal,

---

[39] Harry HOLBERT TURNEY-HIGH, *Primitive Warfare: Its Practice and Concepts* (University of South Carolina Press, 1949).

[40] John KEEGAN, *History of Warfare* (Vintage Books, 1993), p. 91.

que nos hace sentir culpables, también amamos el Mal, y también queremos, inconscientemente (o no), imponerlo. El fanatismo político y la guerra están en parte relacionados con el entretenimiento histérico, y en parte con la neurosis obsesiva. El aplastamiento neurótico es difícilmente compatible con el ejercicio del poder y la guerra, pero proporciona poderosos pretextos para demonizar a los adversarios a través de la tendencia al victimismo.

112. Como el hombre no sabe realmente lo que hace; y siente que no lo sabe, necesita imaginar que lo sabe. El materialismo es así, en la era de la razón, un mito que nos permite no tomarnos en serio la angustia metafísica. Para tranquilizarnos, queremos medicalizar todo lo que nos aqueja y materializar todo lo que es médico. Este mito tranquilizador es al mismo tiempo una paranoia de la tecnología todopoderosa, una paranoia que afecta a la cabeza del Leviatán. El "neurótico" se cree enfermo, porque así se lo han dicho; mientras que a menudo es sólo un poco más reflexivo y angustiado que los demás. Se preocupa por cuestiones inevitables y sin respuesta, mientras que muchos otros consiguen distraerse de ellas. Para hacer las paces, necesitamos sabiduría.

113. Así, muchos sabios budistas nos aconsejan salir de esta vida infernal, o no caer en ella, imaginando que el mundo entero no es más que una ilusión. La inercia cultural es fuerte; y en Oriente todavía produce serenidad. Pero esto no puede durar indefinidamente, ni siquiera allí. Cuanto más se desarrolle la tecnología, cuanto más seamos conscientes de ser individuos reales y egos en contacto con el cosmos, menos podrá funcionar esta terapia. Oriente experimentará poco a poco las mismas angustias.

Sin duda, tendrá que adaptar su sabiduría. Pero siempre seguirá siendo cierto que «la virtud encarnada en la doctrina del Medio es del más alto orden»[41].

114. ¿Qué es un sabio? «Es el tipo de persona que en arrebatos de entusiasmo se olvida de comer, en su regocijo se olvida de preocuparse y ni siquiera se da cuenta de que la vejez se acerca»[42].

115. Kant estaba triste y escribió: «La guerra en sí no requiere ningún motivo especial, sino que parece estar injertada en la naturaleza humana»[43]. Muchos harán la guerra por hacer la guerra y no por otra cosa[44], igual que la mayoría hacen el amor por hacer el amor, o porque no podrían soportar no hacerlo. Porque esto es así, no hay razón para que la guerra termine, a menos que el corazón inquieto del hombre descanse finalmente en la infinitud real del Absoluto. Sin embargo, el hombre también puede hacer la guerra por el Absoluto. Sin Él, ¿llegaríamos a los extremos?

116. Estos mecanismos han existido siempre. Sus efectos se ven agravados en la época moderna por una combinación de factores derivados de la evolución de la cultura humanista, el progreso tecnológico y la extensión masiva de la urbanización. Estos factores, al hacer más problemática la conciencia que el hombre tiene de su propio cuerpo, aumentan de forma alarmante el ya profundo

---

[41] CONFUCIO, *Entretiens*, VI, 29.
[42] *Ibídem*, VII.19.
[43] KANT (1963), "Primer suplemento", pp. 110-111.
[44] Nicolai GOGOL, *Taras Bulba*.

trastorno inmemorialmente ligado al sexo[45]. Antes de Freud y, paradójicamente, sobre todo después de él, este trastorno adoptaba formas neuróticas generalizadas, tanto leves como patológicas, irreductibles a un simple problema "normal" de culpabilidad concreta o difusa. La guerra en la posmodernidad, el sadismo político del Leviatán y la ferocidad de la cultura de la impotencia, esa arma absoluta de guerra cultural al servicio del Leviatán, están siempre relacionados con esta neurosis. Las deconstrucciones intentan abordarla, pero la angustia queda siempre enmascarada por elucubraciones y galimatías, que sólo pueden entenderse desde una perspectiva de psicoanálisis existencial, como prácticas destinadas a apagar el sufrimiento de una culpa ininteligible en la meditación de una nada de sentido y de ser. Desarrollar esta tesis sería ir más allá de nuestro tema. Para quedarnos en él, digamos simplemente que la angustia se metamorfosea en fobias, demonizaciones e histerias, volviéndose cada día más peligrosa, como un aneurisma que se hincha. Estas patologías existenciales son tan colectivas como individuales. Cuando estallan, sobreviene la guerra. La guerra aparece así como una exteriorización de la falta de paz interior.

117. Considerándolo todo, el mal (y también la guerra) tiene sus raíces mucho más en la mente y la cultura, que en la animalidad. Cuando estudiamos los frescos de la cueva de Chauvet, que datan de hace 36 000 años, comprendemos que no hay ninguna razón seria para pensar que el *homo sapiens*, como cuerpo mental y animal cultural, haya podido cambiar en todo lo esencial que le define

---

[45] «...Y tuve miedo, porque estaba desnudo, y me escondí... ¿Y quién te ha dicho que estabas desnudo?» (Génesis 3: 10-11).

a lo largo de su historia. No existe el "buen salvaje".[46] La guerra está ahí, desde el principio, en la naturaleza misma del Hombre, como oposición radical entre razón y sensibilidad (como creen los kantianos), o como resultado de un enigmático desequilibrio que afecta a una naturaleza inherentemente armoniosa desde el principio (como resuelve el "pecado original"). La elección entre estas dos opciones es, evidentemente, de gran alcance[47]. No parece haber una tercera.

118. A un nivel menos abismal, más mundano o digno, encontramos otros motivos en el alma para hacer la guerra. La guerra devuelve al hombre, a un precio aceptable, el sentido de su propia excelencia y dignidad, puesto que se pone por encima de la muerte cuando acepta exponerse a ella. Abre el camino al heroísmo y al sacrificio. Puede expresar, al menos subjetivamente, un servicio a la patria, al Estado, a la justicia, a los ideales e incluso a la paz futura. Enriquece las industrias. Promete ascensos. Y para los amantes del vicio, o que tienen cuentas que ajustar (y que sirven en ejércitos no controlados, o en épocas muy bárbaras), la guerra permite transgresiones, impresiones de omnipotencia, el disfrute de la crueldad, la venganza

---

[46] Denis DIDEROT, *Supplément au voyage de Bougainville*. Por el contrario, los pesimistas afirman que «probablemente deberíamos imaginarnos la situación de la 'horda original' tal y como se nos describe hoy en Nueva Guinea, donde cada tribu se encuentra en un estado casi permanente de guerra con las tribus vecinas, practicando cada una de ellas la caza de cabezas y el canibalismo». LORENZ (1981), p. 340.

[47] Henri HUDE, *Démocratie durable. Penser la guerre pour faire l'Europe* [*Pensar la guerra para hacer Europa*], «Raison politique, démocratie durable et péché d'origine» [«Razón política, democracia sostenible y pecado original»] (Éditions Monceau, 2010), pp. 171-180.

despiadada. También es un deporte para todos los públicos, fuente de poderosas emociones. Por último, para los amantes de la caza, no hay nada mejor, porque el hombre es el más inteligente de los animales.

119. Resumamos. En primer lugar, con el progreso técnico, la guerra total[48] significará ya y cada vez más el apocalipsis. En segundo lugar, el riesgo de guerra es siempre real, porque la razón de la guerra se encuentra en los primeros principios constitutivos de nuestra naturaleza y de nuestro espíritu en su condición concreta. En tercer lugar, la necesidad de seguridad planetaria colectiva se está convirtiendo en primordial, y tendrá cada vez más prioridad sobre cualquier otra consideración, y por encima de todas las demandas de libertad. En cuarto lugar, la solución del Leviatán, eliminar la guerra como oposición entre varias voluntades políticas, cada una utilizando su propia fuerza, es eliminar toda pluralidad de voluntades políticas y toda fuerza vinculada a cualquier voluntad que no sea la del Leviatán. En quinto lugar, si no hay otra solución más práctica y más liberal a este problema de la seguridad que el Leviatán, no nos queda más remedio que elegir entre el Leviatán y la Guerra.

---

[48] La expresión "guerra total" fue utilizada por el general Erich LUDENDORFF, *Der totale Krieg,* 1935. (Munich: Ludendorffs Verlag GMBH,1935). Algunos extractos fueron publicados en inglés como *The "Total" War by General Ludendorff,* con prólogo del general Sir Herbert LAWRENCE, "Friends of Europe" Publication, No. 36 (Friends of Europe, 1936). Pero véase también Léon DAUDET, *La guerre totale* [*La guerra total*] (Nouvelle librairie nationale, 1918).

II.
EL LEVIATÁN NO ES LA SOLUCIÓN
AL PROBLEMA DE LA GUERRA

120. ¿EXISTE ALGUNA ALTERNATIVA al Leviatán? La cuestión sólo se plantea si el Leviatán puede llegar a ser real (II, 1). Es necesaria si no puede mantener sus promesas de paz (II, 2); y sobre todo, si es, contrariamente a las esperanzas de sus partidarios, la más segura de las causas de la Guerra (II, 3). Tres cuestiones planteadas sucesivamente en este capítulo, cuya conclusión común es que el Leviatán no puede ser la solución al problema de la guerra.

I. EN QUÉ SENTIDO PUEDE EL LEVIATÁN HACERSE REALIDAD Y MANTENERSE A SÍ MISMO

121. Mucha gente no se toma en serio el Leviatán. No creen que sea posible, porque la gente ama demasiado la libertad[1]. Pero, ¿podemos decir que este amor existe en

---

[1] «Y quien se convierta en patrón de una ciudad acostumbrada a vivir en libertad y no la destruya, que espere ser destruido por ella; pues

todas las culturas? Tal vez, por un cierto deseo natural de poder expresar nuestro ser a nuestro gusto. Pero, ¿pesa más este amor a la libertad que un ansioso deseo de seguridad? Y los que aman la libertad, ¿la aman lo suficiente como para oponerse al Leviatán? Y sobre todo, ¿no será la devoción al Leviatán el resultado paradójico de un amor a la libertad, pero a la libertad mal entendida? No sería la primera vez que las tradiciones de libertad humanista se invierten en pasiones totalitarias.

122. El progreso técnico infunde a la gente conciencia y gusto por el poder (*"empowering people"*). Comunica una difusa exigencia de independencia, porque la técnica es tanto un espíritu de libertad y un sentimiento de poder, como un artefacto material. Si la naturaleza y el destino cultural de la humanidad ya incluyen un cierto amor a la libertad, entonces el Leviatán está condenado a librar una guerra continua contra una rebelión potencialmente general hasta el fin de los tiempos, a menos que consiga «por así decirlo, ...cambiar la naturaleza humana»[2]: en concreto, disminuirla para ablacionar quirúrgica, o químicamente, el amor a la libertad, al tiempo que impulsa la realización completa del proyecto tecnológico. Pero basta con formular claramente tal proyecto para dudar de él.

123. Los amos del Leviatán son muy conscientes de la necesidad de libertad y dignidad de su pueblo. Lo ideal

---

siempre, como refugio para rebelarse, dispone del nombre de la libertad y sus propias órdenes antiguas, que nunca se olvidan ni por el transcurso del tiempo ni por los beneficios recibidos». MAQUIAVELO, *El Príncipe*, cap. V.

[2] Jean-Jacques ROUSSEAU, *El contrato social*, L. II, cap, VII.

sería que estuvieran dispuestos a satisfacerla. Tal vez no pierdan la esperanza de lograrlo algún día. Pero es imposible en un futuro previsible a largo plazo. Así pues, hay dos soluciones: el terror o la mentira. La "ética de la responsabilidad" debe prevalecer aquí, junto con el sentido de humanidad. Entonces, será la mentira. Hará amable el despotismo a los amantes de la libertad, gracias a una disociación metódica entre la realidad y las percepciones. No importa si la realidad es totalitaria, siempre que la conciencia subjetiva sea la de una democracia. Es una mentira *piadosa*, que garantiza la supervivencia de la especie y evita hacer a la gente innecesariamente infeliz.

124. La capacidad del poder para manipular las percepciones del público ha aumentado enormemente. Aún están por llegar inmensos avances técnicos. En lugar de verse obligado a crear ilusiones desde el exterior, el Leviatán tendrá la capacidad de pilotar directamente los cerebros. En ese momento, el mundo se librará de la vergüenza de la democracia objetiva, que se ha convertido en un lujo mortal, sin que los ciudadanos se vean privados del placer de sentir que viven en una democracia. El totalitarismo objetivo del Leviatán será plenamente compatible con una democracia subjetiva perfecta.

125. Lo más importante para el Poder, si quiere controlar las percepciones, es controlar la ciencia y la información, es decir, las universidades, los centros de investigación, la prensa y los medios de comunicación. Nada más fácil. Se trata de actividades estructuralmente poco rentables. Todo lo que hay que hacer, tal vez, es financiarlas. Quien paga, manda, siempre que pague lo suficiente.

126. Para que el Leviatán llegue a existir (para que la humanidad no perezca), la expresión "autoridad de la comunidad científica" debe significar «poder de hacer creer, ejercido por los titulares de altos cargos intelectuales». Quien detenta las editoriales, detenta las publicaciones; quien detenta las publicaciones, detenta los CV; quien detenta los CV, detenta las carreras; quien detenta las carreras, detenta a las personas; quien detenta a los hombres de ciencia, detenta la ciencia. Por supuesto, todavía hay que buscar un poco la verdad, pero esa es la variable de ajuste. Aquellos que deseen disfrutar del amor puro de la verdad sólo tienen que renunciar al ascenso. Por desgracia, hay almas que no se doblegarán. Algunas tendrán que ser eliminadas. Pero la mayoría de las conciencias tienen su precio, sobre todo si rara vez se les pide algo más que callar. Sin embargo, debe existir una creencia inquebrantable en la objetividad de la ciencia, en la incorruptibilidad de los científicos, en la libertad de prensa. Todo esto es perfectamente moral.

127. La ciencia y la información no bastan. Para asegurar el planeta, hay que inculcar una cultura de la impotencia a todos los súbditos del Leviatán. "Cultura de la impotencia": una noción fundamental. Si hubiera una verdad objetivamente conocible y una verdadera jerarquía de valores, también conocible, las mentes estarían seguras, las almas serían fuertes, y eso es lo que debemos evitar absolutamente. Cuando no se está seguro de absolutamente nada, nunca se está seguro de si se debe resistir; poco a poco, se acepta todo, se deja que todo suceda, y los que se mantienen firmes frente al poder se convierten rápidamente en enemigos de la libertad. He aquí, pues, el principio de la cultura de la impotencia: *la verdad es que no*

hay verdad. Si lo crees, cualquier cosa puede ser cualquier cosa; así, el totalitarismo puede ser democracia, y viceversa. El Leviatán no exige más. En este dogma primario se basa la cultura de la impotencia.

128. El Leviatán debe fomentar la deconstrucción de todo pensamiento que tenga un mínimo de estructura, de fundamento; en una palabra: de ser. Para suprimir el espíritu crítico, hay que deconstruir la razón y pulverizar el sentido común. Como la realidad es un orden arquitectónico, si conseguimos convencer a la gente, y especialmente a los intelectuales, de que la razón se equivoca al entender un orden arquitectónico, y que ella también lo es a su manera, es obvio que la razón se verá privada de su asidero en la realidad, de toda sabiduría, poder de juicio y capacidad crítica. Los deconstructores son los idiotas útiles del Leviatán.

129. El Leviatán es racional y no violento, excepto para una pequeña minoría de irresponsables que no comprenden el interés superior de la humanidad.

130. La libertad individual sin sabiduría clásica, sin conocimiento humano, sin normas universales, sin tradición sólida y sin probidad científica garantiza la irracionalidad, la inmoralidad, la indisciplina, en una palabra, la impotencia. La razón sin la verdad es sólo un pez fuera del agua; y el hombre sin razón es sólo un animal sin instintos. Ya no sabe quién es; hace y piensa cualquier cosa. Neurótico, deprimido, confinado por el absurdo, el hombre desciende a un submundo donde la ineptitud se casa con la transgresión. Y el Leviatán reina sobre la nada.

131. Para que las personas sometidas a un poder total se sientan libres, nunca deben dejar de tener miedo. No del poder, sino de la situación peligrosa de la que el poder les protege. El peligro no tiene por qué ser real. Basta con hacer creer a la gente que lo es. Nada más fácil, si la cultura de la impotencia ha deconstruido el espíritu crítico y si el arribismo ha sustituido a la honestidad intelectual. Este es el círculo virtuoso del miedo: cuanto más impotentes se sienten las personas, y cuanto más obligadas moralmente están a sentirse impotentes, más se encuentran en un estado mental en el que tienden a sentirse en peligro, y más protección exigen. Pero cuanta más protección exigen, más impotencia se dejan inyectar por un Poder cada vez más poderoso. Y así, continúa. *Hasta el infinito.*

132. Por lo tanto, cuidado. El terrorismo. La crisis ecológica. Las pandemias. El retorno de los bárbaros. El empobrecimiento. La inseguridad. El apocalipsis nuclear. Incluso podemos reclutar marcianos, o asteroides errantes. El fin de la humanidad, tras el fin de los dinosaurios. Estos temores, ¿son verdaderos o falsos? Esa no es la cuestión. Cierto en parte, o totalmente cierto tal vez, no importa, porque es esencial. Si hay problemas reales, el Leviatán se ocupará de ellos, pero sólo a condición de que los ciudadanos no se involucren, mientras sienten lo contrario.

133. En pocas palabras, la situación es la siguiente: el hombre quiere la libertad, pero ya no puede reclamarla. El pueblo quiere igualdad, y es imposible dársela. ¿Cuál es la solución? Deben tener miedo y sentirse libres y tranquilos porque el Leviatán está ahí. Deben sentirse cada vez más temerosos. Cada vez más tranquilos. Igual de seguros, gracias a que el Leviatán goza de más y más Poder. Gracias a una cultura

que fabrica cada vez más impotencia. Tal es la lógica. Gracias a ella, los hechos, las leyes y los principios nunca serán otra cosa que lo que el Leviatán quiere que sean.

134. ¿Concluimos que el Leviatán es posible y puede llegar a ser real, o todo lo contrario? A decir verdad, siempre es real, hasta cierto punto, y tiende a aumentar con el progreso técnico y la difusión de la cultura de la impotencia. Pero, ¿cuánto puede durar realmente este régimen si, poco a poco, la gente ya no cree, sino que finge creer? ¿Si, al final, todo el mundo sabe que todo el mundo sabe que todo el mundo miente?

II. EL LEVIATÁN NO PUEDE CUMPLIR SUS PROMESAS DE PAZ

135. El Leviatán sólo puede prometer la paz si puede garantizar su estabilidad. Pero el Leviatán no puede. Al contrario, una gran inestabilidad está en su naturaleza. Por eso el Leviatán no es la solución.

136. Al eliminar la pluralidad de entidades políticas, el Leviatán elimina también, por definición, la guerra exterior. Pero a menos que abolamos absolutamente toda pluralidad de voluntades en el Poder y en la masa de los súbditos del Leviatán, este seguirá siempre amenazado por la guerra interna. Rivalidades personales, revoluciones palaciegas y luchas de facciones, guerras de secesión, guerras entre clases, etc.

137. La racionalidad económica parece exigir que los inmensamente ricos sean incluidos en el círculo del poder,

en su estrecho radio. Si el Leviatán existiera en su versión oligárquica (§ 141), incluso confiaría la realidad del poder a su círculo cerrado, que se convertiría en el Senado Mundial, informal o no. Esta sería la fórmula preferida en Occidente. Si el Leviatán está en guerra contra la libertad de su cuerpo social, y si los más ricos son el Leviatán, la guerra de clases forma parte de la guerra constitutiva del Leviatán, encaminada a la dominación perpetua y absoluta de los segundos por los primeros. Una guerra no sólo contra los pobres y los pequeños ricos, sino también contra los inútiles. El Leviatán será por tanto tan inestable como cualquier Estado, con una severa lucha de clases, pero que no ha esclavizado completamente a la clase dominada. Porque probablemente el poder para crear la ilusión de libertad tenga límites. Básicamente, estamos creando una sociedad en la que los ciudadanos ya no son miembros, y en la que el hombre es un problema. Esto es profundamente antihumanista, y uno se pregunta quién lucharía por defender este modelo de organización. Recuerda al imperio asirio y a todas esas monstruosas construcciones de la Antigüedad, que se derrumbaron bastante rápido, porque a nadie le gustaban.

138. El progreso técnico estándar nos lleva, de una economía en la que el hombre es útil, a otra en la que es excesivo, a menos que la mejor solución sea adoptar nuevas tecnologías humanistas, también construidas en torno a la exigencia de ajustarse al ritmo y al bien del Hombre. De lo contrario, el progreso nos llevará de una economía en la que los ricos necesitan a los demás, a otra en la que "esos demás" son una carga y una amenaza para ellos. La dramatización de los peligros descarta poco a poco las

soluciones consensuadas o centristas[3]. Pronto, en política, a causa de esta lucha de clases, no habrá un verdadero centro, sólo extremismos elitistas o populistas. Esto necesariamente reducirá la estabilidad del Leviatán.

139. El futuro político del Leviatán es tanto más inseguro cuanto que su versión oligárquica puede a su vez comprender dos subversiones. En una, los ricos controlan el poder político; en la otra, ocurre lo contrario: el poder político controla a los ricos, aunque en ambas versiones debe haber alguna alianza establecida entre los líderes económicos y políticos (y de la alta administración), pues de lo contrario el Estado social volvería a la democracia. Esto conduce inevitablemente a tensiones internas e inestabilidad, ya que, en una lógica de poder brutal, hay poco espacio para compartir.

140. Si varios estados grandes quieren construir cada uno un Leviatán, la paz a través del Leviatán obviamente ya no es una solución. Si se niegan a fusionarse entre sí, el peligro de guerra es muy alto entre aspirantes rivales al Leviatán. Y si sus sistemas oligárquicos no son muy compatibles, es poco probable que se fusionen. Por lo tanto, el peligro de Guerra seguirá siendo alto, mientras los dos tipos de oligarquía no logren converger, u organizar una coexistencia pacífica, o mientras uno no logre eliminar al otro, «sin luchar»[4]. El Leviatán fracasará aún más en su intento de pacificación si, además de su cisma, subsisten poderosos Estados independientes que simplemente rechazan el proyecto del Leviatán.

---

[3] Thomas HUDE, «Les trois dimensions de la justice» [«Las tres dimensiones de la justicia»], en *Commentaire*, (2)174, 2021, pp. 339-348.

[4] SUN-TZU, *El arte de la guerra* (1994), p. 177.

141. Un Poder tan universal y absoluto debe ser necesariamente una oligarquía estricta y una monarquía absoluta. Estos dos requisitos son difícilmente compatibles, sobre todo en un Estado vasto e imperial, salvo bajo la forma de una férrea dictadura personal que subordine estrictamente, como un partido disciplinado, a una Oligarquía aterrorizada. Incluso en Occidente, esto es lo que acabaría surgiendo del despotismo ilustrado de la oligarquía. Pero, ¿puede el Leviatán apoyarse en un hombre, depender de un hombre? ¿Y puede un dictador apoyarse en un partido? Crueles incertidumbres para un régimen que debe ser un bloque sin fisuras y durar hasta el fin de los tiempos. Como condición necesaria del régimen, la dictadura comprometería al Leviatán a una política de terror y purga, dirigida también contra su élite. Esta dictadura podría permanecer fiel a la Idea Leviatán, pero también estaría tentada de evolucionar, en interés del gobernante, en la dirección de una monarquía atemperada, mejor aceptada, más estable, que tendería a poner fin al sistema totalitario de guerra constituyente contra las libertades.

142. Independientemente de las anteriores razones de inestabilidad, que se derivan de la constitución del Leviatán, hay otras más fáciles de comprender. *En primer lugar*, el Leviatán someterá a la mayoría, pero su violencia hipócrita suscitará inevitablemente una oposición radical, que nunca podrá eliminar del todo. Como rechazan apasionadamente la violencia social y, sobre todo, esta violencia cultural que intenta imponer la impotencia, los opositores serán a menudo irracionales poderosos, violentos y nihilistas, así como a veces mafiosos o psicópatas. Todos tenderán a convertirse en terroristas. Un día u otro (y no dentro de mil años) este terrorismo será nuclear,

porque una pequeña bomba atómica cabe en la parte trasera de una camioneta, y porque la tecnología de las bombas es accesible a un número bastante grande de científicos e ingenieros de muchos países. El terrorista estará tan incrustado en el cuerpo social que el Leviatán será incapaz de golpearle sin provocar masacres en las megaciudades, y probablemente sin golpearse a sí mismo.

143. *En segundo lugar,* el Leviatán no podrá apoyarse suficientemente en su policía para someter a los terroristas, porque en una cultura de la impotencia, la propagación de la amoralidad, la corrupción, serán endémicas. Todo estará en venta, incluidas las armas, las plazas en el Leviatán y los medios para escapar a su vigilancia. Así pues, la vigilancia y la represión serán probablemente insuficientes para contrarrestar los efectos deletéreos universales de la cultura de la impotencia.

144. *En tercer lugar* (y lo más grave), porque inculca una cultura de la impotencia que repugna a toda sabiduría y creencia seria, el Leviatán está destinado a crear estados de ánimo en los que la disuasión ya no puede funcionar, y en los que el riesgo de guerra nuclear aumentará considerablemente, debido a la irracionalidad y a la mezcla de cobardía y mentalidad suicida que inevitablemente acompañan al nihilismo posmoderno. Volveremos sobre este tema en el epílogo de este libro.

145. La voluntad de poder se prolonga siempre en un deseo inconsciente de autodestrucción (§ 149), y esto es lo que sucede en la élite del Leviatán. Utilizará la cultura de la impotencia como herramienta de dominación, pero al mismo tiempo se alimentará de una cultura del poder;

sin embargo, aún hoy, observamos que lo que todavía es sólo el embrión de tal élite, se deja impregnar y demoler por la cultura de la impotencia. Lo que sólo debería ser una artimaña para uso externo (aunque forjada de buena fe por intelectuales neuróticos, idiotas útiles del Leviatán) se convierte absurdamente, también para los amos, en una convicción íntima, sin duda porque ambos comparten una profunda fisura en el alma, donde se forma esta cultura. Una élite en guerra constante con su pueblo no puede esperar dominarlo durante mucho tiempo, si se permite los absurdos necesarios para atontar a las masas. También la libertad elitista se convierte en arbitrariedad irracional, esclava de la opinión más de moda, a menudo la más falsa. Vive encadenada, como el pueblo llano, al consenso machacado por el Behemoth mediático, como si la fusión mental en la nada de la opinión común arbitraria fuera el camino hacia la libertad de la mente. Al igual que el pueblo, pero sin disculparse, la élite está perdiendo la razón, el respeto por los hechos, el espíritu científico, la argumentación, la demostración e incluso la idea de verdad objetiva. Imaginan que la retórica puede sustituir a la realidad y que la astucia puede reemplazar a la fuerza. Y así, para mantener su promesa, al Leviatán le falta lo que, en su lógica, es esencial: una élite de superhombres duros y poderosos, orgullosos y dominantes, fríamente racionales, astutos la mayor parte del tiempo, pero violentos, cuando es necesario, decididos a instituir y hacer reinar el Leviatán, sin miedo a la revuelta y sin miedo a derramar sangre.

146. Permítanme resumir: no puede haber paz sin Leviatán, y no puede haber Leviatán sin una cultura de la impotencia que destruya la fuerza de los pueblos; pero esta cultura penetra en el propio Leviatán en sus élites, y a

partir de ahí no hay Leviatán racional. Pero si el Leviatán deja de ser racional, mientras desprecia a los adversarios más racionales que él y azuza a los adversarios aún menos racionales que él, ninguna seguridad está garantizada. La humanidad técnica necesita, pues, una cultura de la paz distinta de esta cultura de la impotencia basada en el relativismo estándar (Cap. IV). También necesita un sistema de poder y de seguridad colectiva distinto del Leviatán único y absoluto (Cap. III).

III. EL LEVIATÁN ES LA MÁS CIERTA DE TODAS LAS CAUSAS DE GUERRA

147. En este Leviatán minado por la locura, dividido contra sí mismo, cada facción se asegura el apoyo de una parte de los ejércitos. La guerra nuclear se hace posible en su propio seno, en el mismo momento en que su cultura impide progresivamente que funcione la disuasión (Epílogo).

148. Los industriales pagan por la investigación, que confirma "científicamente" los resultados que necesitan para obtener beneficios. Los reguladores están controlados por los regulados. Irracionalidad, incluso más que corrupción.

149. La élite, o una facción de la élite, quiere creer que puede ganar esta guerra sin pérdidas. Así se lo creen, porque no hay verdad, y el consenso crea la realidad. También lo provoca, porque en el fondo la élite quiere morir y destruirlo todo[5]. La neurosis deconstruye: esa es su tera-

---

[5] El general François CAILLETEAU [*Décider et perdre la guerre* (Economica, 2021)] no está de acuerdo. Según él, Hitler en 1941 o Napoleón en 1812

pia. Pero la deconstrucción es la afirmación de lo neutro[6]. Pero el neutro perfecto es la nada. La élite quiere la nada. Viviendo tanto en el sinsentido como en el mito materialista (§ 112), en la brutalidad desnuda de su cultura del poder y en el sinsentido de la cultura de la impotencia, está cayendo gradualmente en una enfermedad psíquica. Esta enfermedad significa que la élite ya no puede soportar su propio poder. También ella necesita victimizarse. La cultura de la impotencia, la herramienta indispensable para establecer el Leviatán, es también lo que le impide desempeñar la función para la que fue diseñada. Tal es la contradicción fatal de este sistema.

150. Genio, heroísmo, santidad y, más modestamente, honradez, amistad, ternura y bondad: el hombre es una maravilla. Pero también es un animal depresivo, agresivo, transgresor, perverso y destructor. En otras palabras, ama la muerte. Le gusta arriesgarse a morir. Para algunos, ir a la guerra siempre ha sido la forma más digna de suicidarse. La cultura de la impotencia, al eliminar todos los frenos naturales e inteligentes a esta violencia asesina, se manifiesta como una cultura de la muerte, que transformará

---

creyeron que ganarían en Rusia. No tiene sentido, por tanto, disfrazar el error de pulsión de muerte. Pero el error no es incompatible con la pulsión de muerte, que bien puede explicarlo, como estudian ciertos psicólogos que han trabajado sobre la "neurosis de fracaso". René LAFORGUE, en su *Psychopathologie de l'échec* [*Psicopatología del fracaso*] (Payot, 1941; reeditado, París: Guy TRÉDANIEL, 1990), habla de "neurosis del fracaso", presentándolo como cálculos inconscientes de nuestro propio interés. Esta dimensión psicopatológica era probablemente menos pronunciada en Napoleón, cuya psicología parecía más "normal".

[6] Roland BARTHES, *Le Neutre. Notes de cours au Collège de France (1977-1978)*, Seuil, 2002.

cualquier cultura estratégica en una cultura de la transgresión perversa y suicida.

151. El Leviatán quiere garantizar la seguridad, pero no puede funcionar sin una cultura de la impotencia, que no es apta para constituir una cultura de la seguridad. Para seguir siendo una cultura de la seguridad, es necesario conservar el sentido de la objetividad de lo verdadero y de lo bueno. De lo contrario, está muy bien decir que la libertad sólo se alcanza verdaderamente a través de la transgresión. ¿Y qué puede haber más transgresor que lanzar una bomba como si jugáramos a la ruleta rusa? Pero si estuviéramos seguros de que la bomba evita realmente la guerra, ¿perderíamos el tiempo discutiendo sobre ella?

152. El progreso da a todos una sensación de poder y libertad infinitos. Se produce un desequilibrio en la mente entre la imaginación creadora y la receptividad, en detrimento de esta última. La hipótesis basta, sin verificación, siempre que sea agradable. La opinión se convierte en dogma. La verdad no es más que la fábula útil aceptada por el consenso de los prudentes y los arribistas. La libertad sin razón, la razón sin verdad, son delirantes. El egoísmo y la anomia se imponen, so pretexto del respeto al individuo. La confianza desaparece. El liberalismo no es más que el estado de naturaleza hobbesiano, al que se añade la anarquía intelectual.

153. Una vez aceptada la cultura de la impotencia, la democracia se marchita. La libertad es un valor para los fuertes. Si la queremos para todos, se llama igualdad (o, si no, necesitamos un tremendo esfuerzo de educación popular en la gran cultura clásica y moderna, para ampliar

inmensamente la élite. Y esta no es, obviamente, la política del Leviatán). La igualdad, entonces, no es más que la libertad concreta para el pueblo pequeño. Pero en estas condiciones, si el pueblo, imbuido de la cultura moderna (y no posmoderna), tuviera el poder, estaríamos abocados al comunismo y a la anarquía, o al fascismo. Una mezcla de los tres. Por eso las élites luchan contra la democracia nacional. El Leviatán absoluto está profundamente arraigado en el miedo a la guerra, pero más prosaicamente, también está creciendo en Occidente como expresión del deseo y la ansiedad de las élites por perder su poder. Ya no creen que puedan dirigir la democracia y preservar su posición dentro de ella. Se unen al despotismo ilustrado.

154. Es también en el horizonte de esta cultura donde el capitalismo se vuelve irracional y plutocrático. La libertad arbitraria rompe el equilibrio entre capital y trabajo. La élite anula el poder de los sindicatos globalizando el mercado laboral y permitiendo que circule todo el capital. Hace que la libertad más libertaria vaya en contra de la igualdad. Destruye la idea de igualdad inculcando el gusto por la libertad individual sin ley. El pueblo cae en la trampa. 1968 frente a 1917.

155. La élite también hace que las igualdades más inesperadas vayan en contra de la igualdad. Para la élite, toda igualdad es justa: entre los sexos, entre las morales, entre las culturas, entre las regiones del mundo, entre las épocas de la historia, incluso entre las especies, igualdad entre lo que se quiera, dentro de cualquier esfera de justicia: que ya no se trata de igualdad en la esfera económica y en el reparto del poder real. A esto lo llamamos deconstrucción, cuyo principal efecto es el poder absoluto de la élite, hasta que la élite

se suicida creyendo en este disparate. En la era atómica, el espíritu suicida es el mayor peligro de guerra.

156. La libertad arbitraria de las élites sería destruida en democracias nacionales arbitrarias. Por tanto, las democracias deben ser controladas por tratados, por instituciones internacionales, por la ley del mercado globalizado. Y ahora, en los países desarrollados, hay que bajar el precio del trabajo, recortar las prestaciones sociales, aumentar la edad de jubilación. Y la revolución de la IA va a aumentar enormemente el desempleo. ¿Qué hará la élite? ¿Abrazar el despotismo ilustrado? ¿Al Leviatán universal? No es la solución. Con el Leviatán, seguro que tendremos Guerra. ¿Otra vez?

157. Evitemos centrarnos excesivamente en el conflicto nuclear. Se ha dicho que en países dotados de alta tecnología en todos los campos, una ciberguerra podría causar tantas o más víctimas paralizando permanentemente los sistemas de distribución de electricidad y, por tanto, la mayoría de los servicios, incluida la distribución de agua[7].

158. ¿Cuándo será el momento de discutir la eliminación convencional de las armas nucleares? El problema

---

[7] El difunto John MCAFEE declaró en 2016: «Los expertos coinciden en que un ciberataque total, comenzando con un ataque EMP (pulso electromagnético) a nuestra infraestructura electrónica, acabaría con el 90 % de la población humana de este país en los dos años siguientes al ataque. Eso significa la muerte de 270 millones de personas en los 24 meses siguientes al ataque» (https://www.ibtimes.co.uk/john-mcafee-forget-gun-control-emp-attack-would-wipe-out-90-us-population-within-2-years-1522445). La idea general es muy acertada. No debemos centrarnos únicamente en la disuasión nuclear. Existen y existirán otros medios de destrucción masiva.

es extremadamente difícil. Supongamos que la abolición se ha llevado a cabo. Por un lado, volvemos a la situación anterior, en la que no se excluía la guerra total entre grandes potencias. Por otro lado, nos encontramos en una situación sin precedentes en la que hay un gran número de países que se han convertido, o se están convirtiendo, en "potencias umbral", todos recelosos unos de otros, sospechando que están trabajando en secreto para adquirir la bomba, y dispuestos a impedirlo por la fuerza, si es necesario[8]. Si no decimos cómo abordar el problema, el deseo de suprimirlo no es más que una ilusión, o una artimaña para obligar a algunos a desarmarse. Obviamente, el Leviatán es una solución concebible, pero hemos visto que sólo funciona sobre el papel, ignorando un gran número de factores. ¿Qué hacer entonces?

159. Cuanto más se extienda la cultura posmoderna de la impotencia, cuanto más se censuren las culturas clásica y moderna, menos creíble se hará la disuasión, más concebible se hará la guerra: bien entre potencias nucleares, de las que al menos una se habrá intoxicado con esta cultura; bien, tras el establecimiento del Leviatán, contra facciones rebeldes; bien contra adversarios radicales que hayan entrado en resistencia terrorista. O contra una parte del planeta que haya logrado la secesión. La culminación de la deconstrucción universal por la cultura de la impotencia será la vitrificación del planeta.

---

[8] Christian MALIS, *Guerre et stratégie au XXIe siècle* (Fayard, 2014), p. 98-99.

III.
LA OTRA SOLUCIÓN: PAZ POLÍTICA
SIN LEVIATÁN

160. EL LEVIATÁN NO ES LA SOLUCIÓN, pero este fracaso deja el problema sin resolver. Ahora debemos encontrar otra solución, una que no suprima la pluralidad de voluntades políticas distintas y las fuerzas públicas asociadas a esas voluntades. Comúnmente nos referimos a tales voluntades como "estados" o "naciones". Esta otra solución, para frenar tanto al Leviatán como a la Guerra, implica a las naciones.

161. ¡Qué paradoja! ¿No está generalmente aceptado, al menos en Occidente, que las naciones son la principal causa política de la guerra? Y, sin embargo, si la solución al problema de la guerra no puede encontrarse en el monismo político, debe hallarse necesariamente en el pluralismo. Y este pluralismo es evidentemente nacional, al menos en parte. Lo que hay que inventar, pues, es un "pluralismo coherente"[1] que responda a la necesidad de

---

[1] Es posible aplicar este concepto acuñado por Gaston Bachelard al ámbito político. Véase, Gaston BACHELARD, *Le pluralisme cohérent de la chimie modern* (1932), Vrin, 2000.

paz: *un pluralismo coherente entre naciones.* Para imaginarlo, hay que superar las dificultades. De ahí surgen varios ámbitos de reflexión, para uso de los responsables políticos: (1) sobre el nacionalismo moderno, (2) sobre el imperialismo, (3) sobre el pacifismo postmoderno, (4) sobre el antinacionalismo postmoderno, y (5) un esbozo de solución política no leviatánica al problema de la paz.

I. REFLEXIONES SOBRE EL NACIONALISMO MODERNO

162. El poder es un buen tema de sublimación, y por tanto de exceso: cada vez más poder, cada vez más absoluto. El poder sobre varias naciones se llama imperio, sobre todo si ese poder es bastante absoluto. Siempre ha sido así. La modernidad no tiene el monopolio del imperialismo. Sin embargo, la nación "moderna" es particularmente propensa al imperialismo. Y, por tanto, a la guerra. Esto se debe a su cultura "moderna", que puede definirse por su piedra angular: el concepto de libertad. No sólo la libertad que todos los hombres aman por naturaleza, sino una forma especial y extrema de libertad, determinada en el marco de esta cultura, y que recibe el nombre de libertad de autonomía radical. Empecemos, pues, por definirla.

163. En la cultura "moderna", la libertad es el ideal moral absoluto. Metafísicamente, es el Absoluto, el Sujeto absoluto sin misterio. Esta libertad comienza con la afirmación de la autonomía de la razón, entendida como arraigada en la "duda" metódica. Se supone que esta "duda" conspirativa (§ 78-A) garantiza la independencia de los individuos, mediante una desconfianza metódica

hacia las autoridades. Esta "duda" es al menos una certeza: la de dudar y disfrutar de la libertad individual de los que "dudan". Su función es poner de manifiesto lo indudablemente obvio, precisamente porque ha sido sometido a la prueba de la "duda". Los grandes pensadores alemanes, dando la vuelta a esta "duda" universal, trataron de derivar de ella una nueva metafísica y toda una civilización neoclásica, la civilización "moderna", de la que, en Francia, la Tercera República ofreció un modelo bastante logrado.

164. Vista desde fuera, la modernidad parece más bien materialista, positivista, laica o irreligiosa. Observada más de cerca, es ante todo Moral. Ser "moderno" es ser libre, estar determinado por la Razón, en esencia por lo Absoluto, es decir, respetar nuestra propia divinidad racional dentro de nosotros mismos, y por tanto no vivir en la incoherencia, y seguir leyes universales, como hace la Naturaleza. La razón es fuente de obligación absoluta, y sus reglas se aplican sin excepción. Políticamente, una República moderna es una sociedad de hombres libres, unidos como están en la religión filosófica de la Razón. Una moral así explica probablemente la prodigiosa abnegación de los combatientes de la Primera Guerra Mundial. Vista desde dentro, la modernidad es una filosofía religiosa, una religión del Hombre y una mística[2]. Es por ello que los conflictos entre Naciones Soberanas, encarnaciones colectivas de la Libertad que es el Absoluto, o los conflictos entre ideologías, que son las diferentes denominaciones rivales de esta religión de la Libertad, son inexpiables como verdaderas

---

[2] Ernst CASSIRER, *La philosophie des Lumières* (1932). Fayard, 1966, cap. IV, 153-205.

guerras religiosas[3]. Esto explica la obediencia absoluta a la República, o al Estado, encarnación de la Razón. También explica el fanatismo ideológico de 1793 [el Reinado del Terror en Francia] y 1917 [la Revolución Rusa]. Y el dogmatismo cientificista. Y, sobre todo, la neurosis moralista, el "malestar en la civilización" y, más tarde, las reacciones "postmodernas" (§ 192 ss.) a esta neurosis y malestar.

165. La nación moderna no es sólo una formación histórica o natural. Es también una asociación cultural (y se podría añadir "cúltica"), libremente constituida para permitir a sus asociados vivir juntos el ideal moral e intelectual absoluto de la Libertad. Su acto constitutivo se denomina pacto social. La finalidad de un pacto social "moderno" es constituir una soberanía, una voluntad general de libertad, tanto interna (República) como externa (Nación). Cada ciudadano se considera libre al identificarse con esta soberanía, de la que participa como miembro del Pueblo. El concepto puede incluir diversas variantes nacionales, desde las más conservadoras y románticas hasta las más individualistas y racionalistas. En todos los casos, la nación moderna y nacionalista aspira a ser libre, no en el sentido en que siempre lo ha querido más o menos cualquier poder, sino en el sentido de "radicalmente autónoma", es decir, dándose a sí misma (*autos*) toda su ley (*nomos*) y no recibiéndola en modo alguno de fuera, ni de antes, ni de arriba. Puede admitir dependencias *de hecho*, como la necesidad de importar

---

[3] "La contienda actual tiene más de una analogía con las guerras religiosas de antaño". Gustave Le Bon, *Enseignements psychologiques de la guerre* européenne (1915), en Gustave Le Bon, *La psychologie de la guerre*, BOD, 2019, p. 32.

alimentos o materias primas, pero en el punto de la soberanía *absoluta* no puede transigir.

166. Pero la independencia absoluta es sólo el principio. Para asegurar el absoluto de su libertad, la nación se expone a la tentación de reducir al mínimo la libertad de otras naciones, hasta suprimirla: en eso consiste el imperialismo. Ninguno de estos dos puntos, nacionalismo e imperialismo, ni un tercero, que es su nexo indisoluble, pueden cambiar, mientras no se repudie o reforme esta cultura moderna, mientras la libertad de la autonomía radical siga siendo el valor primero, absoluto, y la piedra angular de la cultura.

167. Si varias naciones buscan el imperio en la misma esfera, la guerra es inevitable. Esto no es nada nuevo; pero la modernidad dramatiza la competencia absolutizando lo que está en juego en nombre mismo de la razón. Toda gran nación quiere construir el imperio de la Libertad. Libertad o muerte, porque de lo que se trata es del sentido de la vida. Por eso la disuasión es creíble (§ 343) entre socios "racionales", es decir, modernos y, por tanto, extremadamente belicosos.

168. Así pues, la Primera Guerra Mundial fue el resultado, en primer lugar, del choque entre las ambiciones irreconciliables del nacionalismo imperial británico y el nacionalismo imperial alemán (este punto merece una breve discusión). La historiografía ha tendido a culpar de la guerra a Alemania, subrayando su rigidez, su brutalidad, su retórica cínicamente "realista": en resumen, sus malos modales. La forma no debe ocultar el fondo. Cuando hay dos contendientes por un mismo puesto, la cuestión de

quién es más maleducado, o quién disparó el primer tiro, es forzosamente secundaria. Porque, en cualquier caso, si ninguno cede, el conflicto es inevitable, y ambos están de acuerdo en que así sea. Este tipo de rivalidad es tan antigua como las colinas (Atenas/Esparta, Roma/Cartago), y es evidente que la guerra no es sólo el resultado de una cultura particular; incluso puede producirse, como entre los Borbones y los Habsburgo, a pesar de una cultura de paz compartida, que a veces tiende a atemperar la violencia. Sin embargo, la cultura "moderna" es un factor agravante, ya que, al sacralizar la libertad, introduce un elemento de fanatismo político, del que deberían estar exentas las guerras por motivos primordialmente económicos o políticos. Es probable que este fanatismo explique en parte el excesivo aumento de los extremos y la aceptación de pérdidas que parecen desproporcionadas con respecto a las ganancias. Conclusión: *lo más imperial, belicoso y beligerante de la nación moderna no es la nación como nación, sino la nación moderna como moderna.*

169. Dos libertades infinitas están necesariamente en conflicto, a menos que consigan fusionarse en una sola libertad infinita, que es también necesariamente un poder infinito, pues de lo contrario este poder sería dependiente y el problema se plantearía una y otra vez. Así pues, o bien (1), y en última instancia, todos nos fusionamos en un imperio republicano universal, o bien (2) una nación imperial tiene el deber de conducir a las demás hacia esta fusión saludable y liberadora. La guerra es, pues, una parte necesaria de la política, como choque inevitable entre infinitas libertades, cada una de las cuales quiere crear o convertirse en el imperio universal, o como lucha encarnizada por la independencia nacional.

170. En esta cultura moderna, la política se ha convertido en la verdadera religión. Pero no hay compromiso cuando se trata del Absoluto. Y, por desgracia, hay muchas formas incompatibles entre sí de construir sociedades "modernas". En la cultura moderna, por tanto, sólo puede haber lugar para el fanatismo político, opuesto a la muerte, si otros elementos de la cultura, periféricos o heredados de antes de la modernidad, no atemperan el salvajismo de la concepción central. Puesto que lo que está en juego en la guerra por la Nación es nada menos que el sentido mismo de la existencia y el Absoluto mismo de un pueblo elegido por la Libertad Absoluta, toda guerra "moderna" es una guerra de religión en el sentido más amplio: una guerra santa (IV. 4). Todo puede y debe sacrificarse a este objetivo. El extremo al que se llega aquí es la consecuencia del Absoluto. En la cultura moderna, nos veremos obligados a empujar en esa dirección, hacia él. Ni siquiera un cierto materialismo cambia aquí la regla. Para las naciones modernas, que deifican el Dinero en lugar del Poder como rostro de la Libertad, las guerras económicas son también guerras religiosas.

171. Como lo que está en juego es infinito, no podemos pasarnos la vida jugueteando. Lo mejor es acabar de una vez por todas, yendo a por todas en una confrontación única y decisiva, en la que el carácter absoluto de lo que está en juego implica comprometer todos nuestros recursos y aceptar pérdidas ilimitadas. La cultura moderna no es sólo una cultura de guerra, sino una cultura de guerra total.

172. Las culturas modernas se creen pacíficas, incluso pacifistas. El hombre nació para la libertad; el despotismo y la servidumbre, al frustrar su deseo, lo hacen vil y malvado.

Dejadle libre y todo irá bien. Victor Hugo dijo: «El siglo XIX es grandioso. El siglo XX será feliz». Con ello quería decir que reinaría la paz. Y no fue así. La primera razón es que la guerra está arraigada en la psique, más profundamente de lo que él pensaba (Cap. I. 2). La segunda razón es que también está arraigada en la cultura moderna, sencillamente porque antepone la libertad a la jerarquía de valores (o la igualdad, que es la libertad para la mayoría). Anteponer la libertad significa conceder un valor absoluto a la preservación de la libertad de acción. Y preservar la libertad de acción es el primer principio de la guerra[4].

173. Este es un punto crucial sobre el que deben reflexionar los responsables políticos. Reconocer que la cultura moderna es una cultura de guerra no confunde en modo alguno estrategia y política, ni pone en peligro la libertad política. Al contrario, es el franco reconocimiento de una verdad preocupante: que la guerra se convierte en la esencia de la política, o en su continuación absolutamente banal, cuando se antepone la libertad autónoma; que esta primacía tiende también a llevar la guerra al extremo, porque en esta absolutización y primacía de la libertad nacen los fanatismos políticos de las ideologías modernas. Su estricta incompatibilidad contribuyó a hacer inevitables las guerras del siglo XX y a llevarlas al límite. Cuando se llega a los extremos, se desearía acabar con todo de una vez. La búsqueda de la decisión conduce a la búsqueda de

---

[4] Marchal Ferdinand FOCH, *Principes de la guerre* (1903), 5.ª ed., 1918, en *Ouevres Complètes*, I (Economica, 2008, p. 213-214). La paz "moderna" se hace haciendo que las fuerzas de la guerra y de la tiranía trabajen juntas para establecer una confianza que los principios anteriores parecerían excluir, de modo que todas las voluntades se identifiquen con una sola voluntad dotada de la totalidad de la fuerza.

una batalla que acabe con el grueso de la fuerza contraria (Trafalgar[5], Austerlitz[6]). Verdún y Stalingrado, Dresde e Hiroshima no son la esencia pura de la guerra, sino expresiones del fanatismo político resultante de la absolutización, no sólo pasional, sino racionalista y sistémica, de la Libertad –moderna o, como veremos, posmoderna–. En verdad, los Modernos, estos hombres de la Libertad, no tienen ningún problema con la guerra. «¡Viva la guerra!»[7]. La Libertad es su Absoluto. Entonces, Libertad o Muerte. Si es necesario, *en masa*. Y, si es posible, todos a la vez. Pero no caricaturicen. Clausewitz, que teorizó la guerra moderna, escribió: «Así, aunque la batalla [decisiva] es el medio principal, no es el único»[8].

174. Paradójicamente, para gozar de una libertad política equilibrada, al igual que para tener una cultura de la paz, y por tanto más probablemente la paz, debemos poner en la cima de nuestros valores, si no el amor, al menos la amistad, en el sentido amplio de amistad social y también de fraternidad, no entre seguidores de una religión de la Libertad, sino simplemente en el seno del género humano concebido como una verdadera familia ampliada. Detrás de la *"philia"* está la libertad, porque la amistad es confianza, y la confianza no lo controla todo *a priori*. Al

---

[5] «Todo lo que no sea perfectamente decisivo estará en nuestra contra», declaró el almirante Nelson. Véase, John SUGDEN, *Nelson. A Dream of Glory* (Pimlico, 2004), p. 784.

[6] Para CLAUSEWITZ, «Bonaparte la cristalizó [la guerra] en un grandioso sistema» (Libro 6, Capítulo Treinta); «La guerra, en sus manos, se libraba sin tregua hasta que el enemigo sucumbía» (Libro 8, Capítulo 2), CLAUSEWITZ (1984), pp. 515; 580.

[7] Pierre-Joseph PROUDHON, *La guerre et la paix*, Biblio Life, 2009.

[8] CLAUSEWITZ (1984), p. 529.

contrario, si se pone la libertad en primer lugar, la amistad o el amor quedan para siempre fuera de juego. Porque el amor no puede lograrse sin la alienación de la libertad de acción. Y si pones la libertad en primer lugar, afirmas el principio fundamental de la guerra, el de «preservar la propia libertad de acción»[9]. La cultura de Occidente, si antepone la libertad, es una cultura de guerra. La cultura de la paz es, por tanto, una cultura de la *philia*.

175. Esta lógica "moderna" puede manifestarse de muchas maneras: en un Estado liberal, en una República jacobina, en una Nación fascista o en una Democracia leninista. Al final, en teoría, se despliega universalmente −en el Leviatán−, pero también, en la práctica, de otro modo: como frustrada y descarrilada por la cultura de la impotencia. Estas diversas realizaciones compiten entre sí, siendo en gran medida incompatibles, y cada una se concibe a sí misma como un absoluto. La guerra entre ellas es por tanto inevitable, así como entre todas ellas y las sociedades que no absolutizan la libertad, o incluso la minimizan. La cultura "moderna" es, por tanto, una cultura del poder y de la guerra, de la independencia y de la dominación universal e imperial.

176. Las naciones han sido factores de guerra cuando cada una deseaba el poder y el imperio para sí y quería prohibírselo a las demás. ¿Hasta dónde puede llegar tal concentración? Pero el nacionalismo no sólo tiende hacia el infinito del imperio universal, sino que también puede tender hacia el épsilon de la reivindicación de independencia de la entidad más pequeña. Cada región, o cantón,

---

[9] Maréchal Ferdinand FOCH (1970), p. 100.

o ciudad, o aldea, o tribu, clan, dialecto, etc., pretende entonces erigirse en nacionalidad independiente. ¿Hasta dónde puede llegar la fragmentación? Afortunadamente, existe el comercio, que vuelve a poner en comunicación a estas pequeñas autarquías. Para proteger el comercio, sobre todo si implica largas líneas de comunicación, hay que unir fuerzas a una escala mucho mayor. Así es como Venecia se convirtió en un Estado, en una potencia naval, en un imperio marítimo[10].

II. REFLEXIONES SOBRE EL IMPERIALISMO ANTIGUO Y MODERNO

177. El imperialismo no es un mal en sí mismo, al menos en la medida en que ofrece la idea de una unidad entre todos los hombres, de una federación política más ligada quizá a una cultura más universal. Antes de Julio César, "Francia" significaba cien tribus y cero cultura clásica; digo "clásica" porque no hay pueblo sin cultura. Lo que aquí se dice de Francia podría decirse de muchos otros países. Muy a menudo es el imperio el que da origen a las naciones, cuando estas se separan de aquel que las llevaba en su seno.

178. El gran juego de la política y la guerra es la lucha por el imperio y contra el imperio.

179. Debemos distinguir entre imperialismo eterno, imperialismo moderno e imperialismo postmoderno. El

---

[10] Alvise ZORZI, *La Repubblica del Leone. Storia di Venezia* [La República del León: *historia de Venecia]* (Rusconi, 1984).

imperio, en su concepto puro, destruirá a cualquier nación; pero en la práctica, es cualquier imperio el que se destruye a sí mismo, porque a menudo es distendido, ruinoso, cuesta mucho más de lo que ingresa; requiere una fuerza militar que finalmente se hace con el poder; un poder relativamente cínico y muy concentrado, que tiende a destruir el régimen mixto equilibrado que hizo fuerte e influyente a la nación imperial; también incluye muy a menudo una oligarquía demasiado codiciosa, que sólo puede mantenerse mediante repartos que, al no obtenerse de dentro, requieren el saqueo de los países sometidos. Estos diversos puntos, o al menos algunos de ellos, son más o menos ciertos en todos los imperios. El imperialismo moderno aspira al imperio de la Libertad para cada nación. El Leviatán, en cambio, es el imperio universal postmoderno. En la práctica, será un nacionalismo imperial que realmente esté convencido de poder crear un mundo unipolar, sin ser completamente irrealista en sus ambiciones, por primera vez en la historia, gracias a la tecnología. Pero sabemos que no podrá durar, ni siquiera establecerse (Cap. II. 2-3).

180. Incluso antes del Leviatán, la modernidad radicalizó la idea de imperio. La Rusia de los zares ya era una potencia conquistadora, pero sólo con la modernidad y Stalin la ambición imperial pudo adquirir realmente una dimensión mundial. Algo parecido puede decirse de Francia, o de Alemania. Pero este no es el lugar para escribir un breve ensayo sobre la historia de Europa.

181. Estados Unidos, moderno por nacimiento, se constituyó inmediatamente en nación y en Imperio de la Libertad, con el destino manifiesto de gobernar primero el

continente norteamericano y luego el mundo. Es la única nación occidental que ha conservado el nacionalismo imperial, por la buena razón de que las demás naciones occidentales forman ahora parte oficiosamente de su imperio, Dios sabe por cuánto tiempo. Este imperio heredó el imperio británico, y estos dos nacionalismos imperiales son de los pocos que han sido rivales sin entrar en guerra entre sí[11].

182. El imperialismo no debe confundirse con la expansión y el crecimiento naturales de la vida. El crecimiento (económico, demográfico) puede coordinarse. El genio jurídico puede conseguir pacificar situaciones muy complejas, siempre que, como en la cultura moderna, no rigidice en exceso nociones básicas como la soberanía y la ciudadanía.

183. La colonización es un fenómeno imperial de todos los tiempos, cuyo rasgo distintivo es que está vinculado a la migración de los pueblos. Para Atenas, y más tarde para el Imperio romano, los "colonos" eran ante todo antiguos soldados, veteranos que se establecían de forma permanente como agricultores en un territorio conquistado, y que facilitaban su control con su presencia[12]. El significado de la palabra se amplió posteriormente. Una inmigración modesta y asimiladora es simplemente una inmigración. Una emigración victoriosa, influyente o incluso dominante se denomina colonización.

---

[11] Graham ALLISON, *Destined for War: Can America and China Escape Thucydides'Trap?*, Mariner Books, 2018.

[12] Jérôme CARCOPINO, *Jules César* (1935; París: Les Libraires associés, 1965), pp. 418-420.

184. Toda nación moderna odia las autonomías locales y gusta de oprimirlas; también en este caso es principalmente bajo el régimen de la modernidad (piénsese en los tártaros de Crimea, o en la conquista de Occidente) cuando se ha aplastado a las pequeñas naciones.

185. Las civilizaciones más avanzadas colonizan. Luego, una vez que han caído en la decadencia, moralmente debilitadas o corrompidas, se convierten en el blanco de depredadores externos. Este ha sido el caso desde la Antigüedad. Egipto está relativamente protegido, como una isla en medio del desierto, pero la llanura mesopotámica está dominada por las montañas que la rodean, y más allá de ellas se extiende la estepa[13] o el desierto[14]. Esta inmensa estepa centroasiática conduce tanto a China como a Mesopotamia, durante mucho tiempo los dos principales centros de civilización. También conduce a Roma, a través de las grandes llanuras de Europa oriental. Pero este epicentro de violencia bárbara fue también la fuente común del pensamiento. De aquí vino a caballo la cultura patriarcal y mejor armada[15] de quienes dieron forma a la India, Persia y Grecia. La historia de la guerra narra el flujo y reflujo de las civilizaciones y sus bárbaros.

186. El imperialismo, es decir, el proyecto imperial, tiende ahora necesariamente a fundirse con el proyecto del Leviatán. La idea de imperio se ha convertido en la de un pobre medio para un fin legítimo. En efecto, mientras

---

[13] KEEGAN (1993), pp. 286-292.
[14] *Ibídem*, p. 307 y ss.
[15] Sobre el matriarcado y el patriarcado, véase ROUCHE y DE SAGAZAN (2007), pp. 15-44.

que la ambición de un imperio universal es, la mayoría de las veces, una gloriosa ilusión, el ejercicio de la función de imperio es un fin legítimo, y un deber, porque existen realmente bienes comunes universales. La función del imperio es la administración de estos bienes, en oposición al sálvese quien pueda. Así pues, hay que imaginar cómo naciones no sometidas a un imperio, ni integradas en él, podrían ejercer juntas la función de imperio.

187. Un verdadero realista entiende que «la gente buena es maestra de la gente que no es buena»[16].

188. Más que ninguna otra, las naciones imperiales y/o modernas en el pasado, o incluso en la actualidad, tienen que comprender (1) que convertirse en Leviatán es la fatalidad y la maldición que ahora acompaña al proyecto de imperio, (2) que el Leviatán es un callejón sin salida mortal, y (3) que es necesario renunciar al imperio sin renunciar a la libertad, al poder o, sobre todo, al ejercicio de la función de imperio. Paradójicamente, es el Leviatán, como primer enemigo común siempre posible para siempre, el que permite formar una o varias alianzas anti-Leviatán duraderas, asegurando la función de imperio, con una dirección que administre subsidiariamente la gestión del bien común mundial (III. 5).

189. La solución sin Leviatán al problema de la Guerra requiere una pluralidad coherente de naciones estructuradas, animadas por una o varias culturas de paz: conscientes de la existencia de bienes comunes que no se reducen al respeto de la libertad de autonomía radical, y de derechos

---

[16] LAO TSEU, op. cit., Verso 27.

que no se definen en relación con dicha libertad –que es "libertad belicosa"–. La manera de construir una cultura así es hacer hincapié en la *philia*, que incluye la confianza, y por tanto el respeto a la libertad, y también el respeto a esa ley natural objetiva (§ 297-302), sin la cual la libertad se reduce a un principio de guerra y a la arbitrariedad del poder. Es esta ley la que nos dice que la astucia y la fuerza homicida –y, por tanto, la guerra– son males. Si rechazáramos esta ley natural, e incluso su noción misma, tendríamos que considerar que la tendencia a la vida social pacífica y las tendencias antisociales guerreras serían simplemente orientaciones sociales moralmente equivalentes, sujetas a la libre elección del individuo, sin que existiera ninguna ley natural que privilegiara y prescribiera una de las dos orientaciones. La paz no sería entonces mejor que la guerra. Por el contrario, la barbarie sería la esencia de la verdadera civilización, y la fuerza se convertiría en la esencia de la justicia.

190. «Ser imperial sin ser imperialista»[17].

III. EXAMINAR EL PACIFISMO POSMODERNO

191. Pero, ¿quizás ya tenemos una cultura de paz? Si es así, ¿por qué buscar otra? ¿No es el antinacionalismo postmoderno (véase más adelante, III. 4) un aspecto de esta cultura postmoderna, que con razón quiere ser, y quizá es, una cultura de paz: pacífica, pacificadora y casi pacifista? El responsable de la toma de decisiones debe meditar

---

[17] Martin L. COOK, *The Moral Warrior: Ethics and Service in the U.S. Military* (SUNY Press, 2010), pp. 13-18.

honestamente sobre el valor de esta cultura como factor de paz o de moderación de la guerra.

192. Hemos definido "moderno" (§ 162-164). Definamos "posmoderno". La cultura posmoderna surgió como reacción a la cultura moderna y a su moralismo y racionalismo. Fue ante todo un intento de remediar el "malestar en la cultura" (moderna) y de curarse de la neurosis colectiva de los individuos modernos. Como el hombre vive en un entorno altamente tecnificado y urbano, y como la ciencia popularizada, materialista e incluso mecanicista le proporciona su representación de la Naturaleza, ya no sabe qué hacer con su cuerpo. El resultado es una crisis de identidad, un malestar culpabilizador mucho más fuerte que en los siglos rurales, pretécnicos y precientíficos. Por razones bastante obvias, pero en las que no podemos entrar aquí, este malestar con el cuerpo se centra principalmente en el sexo.

193. Sin embargo, la realidad humana del orden sensible comprende dos dominios distintos, que los escolásticos llamaron, respectivamente, lo *concupiscible* y lo *irascible*[18]. Curar la neurosis es liberar a ambos del malestar "moderno". Los posmodernos, cuando están libres de inhibiciones, son lógicamente partidarios de liberar tanto lo *concupiscible* como lo *irascible*, las pasiones de la codicia y la agresión. Pero, como sabemos, esto dio lugar a atrocidades verdaderamente monstruosas, obligando al

---

[18] AQUINO (1947), IIa-IIae, Cuestión 23, Artículo 1, y Ia, Cuestión. 81. Véase también Domingo BÁÑEZ, *La primacía de la existencia en Tomás de Aquino* y *Comentario a Suma teológica*, en *Tratado sobre el hombre (III)*, ed., José Ángel Cuadrado (Pamplona: EUNSA, 2015), pp. 79-102.

posmodernista a revisar su guión. Hubo, pues, dos culturas postmodernas sucesivas: la primera, lógica e integral, hasta 1945, liberadora tanto de la sensibilidad como de la vitalidad. El nazismo de Hitler fue la expresión colectiva más adecuada de esta cultura. Después, la reacción postmoderna a la modernidad optó por bajar la guardia. Desde 1945, se ha desarrollado una segunda cultura posmoderna, una cultura hemipléjica por así decirlo, en la que sólo se libera uno de los dos dominios, mientras que el otro (la agresión, la violencia) es vigorosamente culpabilizado y reprimido. Los posmodernos de la segunda época creen tener razón porque denuncian los crímenes de los de la primera. Sin embargo, todos ellos tuvieron el mismo fundador.

194. Los posmodernos de la primera época, empezando por el propio Nietzsche (1844-1900), fundador de toda esta cultura y liberador de ambos dominios a la vez, no eran evidentemente pacifistas. Dieron rienda suelta a las pasiones de la codicia y la agresión, fomentando la brutalidad de los fuertes, la dureza y la crueldad de los vencedores, el poder violento sin límites. Había que liberar a la bestia salvaje, el depredador, el guerrero, el conquistador, el poder y su vitalidad, asfixiados en la jaula de la civilización, el espíritu y la moral, en la neurosis. También el sexo debía ser libre, pero en el ocio del guerrero.

195. Los posmodernos de la segunda edad necesitan absolutamente una crítica radical de la moral y de todos sus fundamentos posibles. Por eso no pueden prescindir de Nietzsche, que es el único que ha llevado esta empresa hasta el final sin la menor concesión. El referente del extremismo político que desembocaría en el nazismo es

ahora el referente de un extremismo cultural que parece desembocar en un orden moral inverso[19]. De hecho, es el santo patrón de ambos. Y están destinados a converger un día en el Leviatán.

196. Quien abre el texto *Sobre la genealogía de la moral* aprende sobre «el placer de que se le permita descargar libremente su poder sobre alguien que es impotente», (sobre) «el voluptuoso placer '*de faire le mal pour le plaisir de le faire*» [de hacer el mal por el placer de hacerlo]. A través de estos sentimientos, leemos, accedemos a un "rango superior"; participamos en un "derecho de los amos"; «experimentamos por una vez la exaltada sensación de estar autorizados a despreciar y maltratar a alguien como 'inferior a él'»[20]. Nietzsche añade: «La crueldad constituía el gran placer festivo de los hombres más primitivos»[21]. Tal es la transgresión, en su esencia. La violencia pura es transgresión. Es una mística donde lo sagrado habita en el sadismo.

197. La libertad posmoderna es una fusión lógicamente contradictoria pero psicológicamente inteligible de anomia y transgresión. No hay ley: podemos respirar. Pero la anomia no basta para vengarse de la ley. Entonces, debemos, después de eliminarla, afirmarla, sólo para poder disfrutar violándola, cada vez más. Sin embargo, entregarse a tales orgías mentales y prácticas atroces, o simplemente participar en conflictos donde tales horrores se vislumbran

---

[19] Daniel W. CONWAY, Nietzsche *and the Political* (Routledge, 1996).

[20] Friedrich NIETZSCHE, *Sobre la genealogía de la moral. Ecce Homo*, Segundo Ensayo, Sección 5.

[21] NIETZSCHE (1989), Segundo ensayo, sección 6, p. 66. Además, el discurso de Zaratustra "Sobre la guerra y los guerreros", en *Así habló Zaratustra* era el *vademécum* de las SS.

en el horizonte, expone al combatiente —especialmente si no está respaldado por una cultura funcional fuerte y por el apoyo de la comunidad— a toda una vida de profundas heridas psíquicas difíciles de curar[22].

198. El hitlerismo es una política posmoderna, que corresponde bastante bien a esta primera cultura posmoderna. Pero no es la única: la revolución bolchevique, en la medida en que lleva la marca de Trotsky, es también fácilmente una especie de posmodernidad violenta, absolutamente liberada[23]. Trotsky se adelantó a su tiempo en su abrazo del freudismo y su bohemia hedonista[24].

199. Después de 1945, bajo la influencia del vencedor más poderoso, es decir, un liberalismo todavía moderno y sostenido por raíces cristianas, una oleada de sentido común, o de cultura clásica, de equidad natural y de humanidad rechazó la política posmoderna integral; pero el cáncer de la posmodernidad no dejó de roer la modernidad. El gusano devora su cadáver. Militar y políticamente, Hitler perdió. Culturalmente, ganó contra la modernidad y la civilización, al precio de una concesión (¿temporal?): la culpabilización de la agresión. Su victoria es la segunda posmodernidad. En cuanto al Leviatán, sería el triunfo de Hitler; pues si el Leviatán siguiera siendo lógico —lo que no es seguro—, acabaría volviendo a la liberación completa de la vitalidad.

---

[22] Edward TICK, *War and the Soul. Healing Our Nation's Veterans from Post-Traumatic Stress Disorder* (Quest Books, 2005).

[23] «Réalité et métaphysique de la Terreur» [«Realidad y metafísica del terror»] en Victor LOUPAN, *Histoire secrète de la Révolution russe* (Éditions du Rocher, 2017), pp. 151-189.

[24] *Ibídem*, p. 51.

200. Y ahora, ¿qué pasa con esta segunda posmodernidad, como posible cultura de paz? Ciertamente, a los posmodernos de la segunda era no les gusta la guerra, porque su moral libertaria les hace amar la vida sencilla más que cualquier otra cosa. Por esta libertad, nos manifestamos, votamos y hacemos peticiones, pero ya no arriesgamos nuestras vidas diciendo: "libertad o muerte". Además, el deseo razonable de poner fin a la guerra total en la era atómica mediante la creación de una organización internacional acabó con la idea de la nación moderna, definida por el derecho a hacer la guerra, así como con el concepto de política moderna, entendido como el poder de designar a un enemigo. Por último, el neoliberalismo oligárquico deshizo las estructuras unitarias de la República y del Estado en favor de los mercados globales. De ahí que, poco a poco, haya surgido una nueva civilización posmoderna dentro de un orden mundial moderno, en cuyo centro se encuentra el rechazo de la moral racionalista neurótica mediante la liberación de lo vital y lo sensible, ya no en sus dos partes, sino en una sola —para lo sexual, un estatus sociocultural muy elevado que se aproxima al de la política en la civilización moderna, o al de la religión en las sociedades tradicionales—. La moral moderna, sin embargo, se conservó como represión racionalista de la agresividad y el deseo de poder. Este complicado moralismo se encuentra en el corazón del pacifismo posmoderno, que no se reduce en absoluto a la preferencia por la paz que caracteriza a todas las culturas funcionales no bárbaras. Implica un individualismo ideológico, que exige el desprendimiento del individuo de todo aquello con lo que todavía pueda tener una conexión carnal, o una comunidad espiritual. La modernidad de la ciencia y la tecnología, preservada e instrumentalizada, sigue albergando, sin

embargo, una voluntad moderna de poder, altamente des-regulada por la exclusión de la Moral, e invertida en una voluntad de impotencia. Tal es, en esencia, la civilización de la posmodernidad.

201. Así que esta segunda era posmoderna quería ser pacifis-ta, incluso absolutamente pacifista. Necesitaba una filosofía de la historia que la tranquilizara: «Trazar el curso de la cul-tura humana a través de su pasado indudablemente bélico hacia su futuro potencialmente pacífico»[25]. Las matanzas masivas de la Primera Guerra Mundial también dieron que pensar a Freud, el segundo fundador de la cultura posmo-derna[26]. Desde Heidegger, que, como sabemos, oscila entre las dos épocas, los posmodernos critican el espíritu de la tecnología, del que las armas nucleares parecen la máxima expresión. Como hedonistas, ya no pueden ver por qué al-guien mataría por algo más que por sí mismo, lo que hace que la guerra sea absurda, si al menos no hay placer en ella. Todo ello no ha hecho sino reforzar su aversión a la guerra. El posmoderno es alérgico a la jerarquía, odia la disciplina, teme la muerte, aborrece el sufrimiento y se siente incó-modo en una sociedad estructurada. Así que, salvo un giro espectacular (pero no imposible), es probable que el posmo-derno sea un muy mal soldado. Por estas razones, reconoz-camos que la segunda cultura posmoderna tiene motivos para creerse una cultura de paz.

202. Sin embargo, la realidad es más compleja. En primer lugar, la cultura de la impotencia, que impide que el sumiso

---

[25] KEEGAN (1993), p. 60. Véase también Frédéric GROS, États de violence. Essai sur la fin de la guerre (Gallimard, 2006).

[26] Sigmund FREUD, "Más allá del principio del placer", 1920.

posmoderno sea un buen guerrero, hace que le resulte singularmente fácil aceptar una guerra librada para su comodidad y seguridad por profesionales o apoderados. En segundo lugar, la violencia está tan cargada de culpa en esta cultura que resulta imposible para un Estado "vender" una guerra a su pueblo posmoderno sin demonizar primero al enemigo. Y como todo vale contra un verdadero demonio, o contra el mal absoluto, la no violencia pacifista corre siempre el riesgo paradójico de justificar la guerra total. Por último, como amamos la vida más que cualquier otra cosa, estamos dispuestos a hacer la guerra, pero sólo si no hay víctimas, lo que significa aspirar a una superioridad técnica aplastante, desatar la violencia y destruir a los enemigos como si fueran insectos. Y, así, hemos pasado de una agradable cultura de paz a una terrible cultura de guerra.

203. En una sociedad posmoderna, la cultura de la impotencia debe producir ovejas, pero la cultura libertaria, en las élites, produce lobos, al menos en la esfera económica: «La codicia es buena». Por supuesto, ya no podemos concebir una gran guerra patriótica, puesto que el individuo es su propia patria; pero podemos concebir fácilmente guerras entre lobos y entre tropas de lobos, y tanto más mortíferas cuanto que estos "animales llenos de rabia" (1) han dinamitado todo super-yo moral; (2) neuróticos, a menudo drogados, están sometidos a una terapia de transgresión; (3) disponen de armas de destrucción masiva. En el caso de los inhibidos, la segunda cultura posmoderna está pacificando y esclavizando en silencio, en beneficio del Leviatán. Para los lobos, en cambio, es un factor desencadenante de la guerra, salvo en la medida en que están contaminados por la cultura de la impotencia (§ 145). Pero en la misma medida, su racionalidad objetiva

disminuida les expone a terribles errores de cálculo y de juicio, mientras que la disminución de su sentido de la vida les expone a la desesperación suicida y al deseo de autodestrucción: dos terribles grietas de las que la lava de la guerra bien podría estallar inesperadamente.

204. Los pacifistas posmodernos no querrán la guerra, y actuarán por la paz, mientras el régimen siga siendo democrático. Pero la democracia se está reduciendo, a medida que el Leviatán se hace más fuerte. El poder de la propaganda, sumado a otros medios de presión, es impresionante, casi irresistible. Hace que la gente viva en un mundo imaginario, paralelo al mundo real. Confiere a la primera meditación de Descartes una actualidad prodigiosa.

205. Para concluir, la cultura postmoderna no es más cultura de paz que la cultura moderna. La diferencia es que en la cultura moderna, cada hombre es un ciudadano, y cada ciudadano es un soldado, porque quiere la libertad o la muerte. En la cultura posmoderna, como en la antigua, la mayoría no lucha. Puede que aún no esté formada por esclavos, ni siquiera bajo el Leviatán (§89), pero ya no está realmente formada por ciudadanos, sino más bien por habitantes o residentes. Para merecer el nombre de ciudadano, debemos estar dispuestos a luchar, si es necesario, por la ciudad, y no morir de miedo ante la mera idea de la muerte.

IV. Examen del antinacionalismo posmoderno

206. Ahora podemos ver con más claridad el antinacionalismo posmoderno. Podemos distinguir varios niveles de

profundidad, según las épocas. El primer nivel es ético-estratégico; el segundo es el de una ideología de lucha de clases, liberal y antisocialista; el tercero es más estrictamente relativo al Leviatán.

207. *Antinacionalismo: nivel ético-estratégico.* Tras la Segunda Guerra Mundial, Hiroshima trajo consigo una toma de conciencia ética de la hiperpotencia técnica y, en consecuencia, de la transformación de la Guerra; un rechazo del hipernacionalismo moderno o posmoderno (vital, racista, etc.); un redescubrimiento de los derechos naturales concretos en los juicios de Nuremberg; y, por último, una toma de conciencia de la necesidad de la paz. Este bloque ético está en la raíz del rechazo del nacionalismo (moderno) en general.

208. Sin embargo, este rechazo no estuvo exento de confusión. También servía a intereses estratégicos. (1) Enmascaraba tras el "mundo libre" y la fraternidad de las "democracias populares" la oposición evidente entre dos nacionalismos imperiales modernos. El general De Gaulle tenía razón al hablar de la "Rusia soviética", no de la Unión Soviética. (2) El antinacionalismo en general reforzó el poder y la legitimidad de estos dos nacionalismos imperiales modernos, deslegitimando a los de las nacionalidades subyugadas, en la gran tradición nacionalista moderna (§ 184).

209. *Antinacionalismo: ideología de clase, neoliberal y antisocialista.* La concepción moderna de la libertad ha dado lugar a la creación de ideologías opuestas e incompatibles, todas ellas pretendiendo alcanzar el reinado universal de la Libertad, pero no sin absolutizar los intereses

particulares. Esta oposición entre ideologías excluyentes, incapaces de concebir un "centro de justicia", un "régimen mixto", fue un factor cultural de la Segunda Guerra Mundial y de la Guerra Fría. El nacionalismo fascista fue eliminado en 1945. Después de 1991, el liberalismo, ahora posmoderno, monopolizó el mercado de las ideas durante un tiempo, excepto quizá en Asia. Pero las élites liberales ya tenían motivos para preocuparse. Las naciones desarrolladas, democráticas, de mentalidad técnica y humanista, tendían hacia el socialismo y hacia una igualdad cada vez mayor: regulación del mercado, control de cambios, regulación de precios, protección social, legislación laboral, reducción de las tasas de beneficio, cuestionamiento de la autoridad de la gestión privada, etcétera. Bajo la presidencia de J. F. Kennedy, las élites liberales empezaron a preocuparse por su propio futuro. Pero también por el bien de la humanidad, ya que si la igualdad tiende al infinito, la libertad tiende a cero. Esta es la ley de Tocqueville. Pero no hay que olvidar que lo contrario también es cierto: si la libertad tiende al infinito, la igualdad tiende a cero. En ambos casos, es una locura.

210. En Occidente, un núcleo duro de estas élites liberales, para evitar el socialismo "blando", decidió limitar drásticamente el carácter democrático de los regímenes aplicando una política "neoliberal", posmoderna. Esta rompe con la igualdad y reafirma los principios de la economía de mercado, al tiempo que realiza una ruptura posmoderna con el moralismo filosófico moderno y las tradiciones religiosas. La política posmoderna consiste en reforzar considerablemente el carácter oligárquico de los Estados liberales. Los medios para este fin son los siguientes: poner a las naciones bajo la tutela de

organizaciones internacionales no elegidas y controladas en gran medida por una oligarquía liberal internacional, frenar sus constituciones con tratados internacionales que prevean la aplicación de políticas económicas liberales, reducir los sindicatos a la impotencia mediante la internacionalización de los mercados de trabajo y de capitales. También: reforzar el poder judicial no electo, que (se piensa) es más fácilmente influenciable, e imponer los Derechos Humanos como criterio último de sus sentencias, ellos mismos definidos en organismos internacionales controlados oligárquicamente, sobre la base de una idea puramente individualista y desarraigada del hombre. Esta primacía del poder judicial, juzgando según principios rigurosamente individualistas, daría lugar inevitablemente –así se esperaba– a sentencias que fallarían siempre en contra de las tendencias nacionalistas o socialistas. A esto se añadía el control capitalista de los principales medios de comunicación y, por diversos medios, la influencia predominante sobre los partidos políticos y los departamentos gubernamentales. Si todo eso no fuera suficiente, podríamos añadir otros medios más viciosos; pero a menudo basta con eso. El pueblo sigue teniendo un pluralismo de partidos políticos y elecciones libres, pero los representantes elegidos, sean quienes sean, tienen las manos atadas *de iure* y *de facto*, si pretenden seguir una política que no sea neoliberal (en el sentido que acabamos de definir). Por ello, los Estados occidentales atraviesan una crisis de representación política. Para estas élites dominantes, que tienen pocas ganas de cambiar de aires, la nación y la igualdad siguen siendo sus dos grandes enemigos. Por eso ven con buenos ojos el progreso del Leviatán, sin comprender siempre del todo el sentido de esta evolución.

211. Los críticos nacionalistas o socialistas, populistas o conservadores de esta política neoliberal rara vez están dispuestos a admitir su racionalidad, o incluso su justicia. Siempre que tengan una cultura política moderna o religiosa, y sin la aplicación de esas políticas neoliberales de suave abolición de las democracias nacionales, todos los países occidentales se habrían deslizado, Gran Bretaña a la cabeza, hacia un socialismo blando. Y como las naciones democráticas se habrían opuesto efectivamente a una política de desindustrialización y desinversión[27], los países emergentes de hoy, al no haber emergido, bien podrían haber caído en el comunismo duro.

212. El peligro socialista también explica las políticas culturales neoliberales. En los años veinte, los soviéticos estuvieron tentados de sustituir el matrimonio por uniones libres. Su conclusión fue que esto destruiría en gran medida la adhesión individual al socialismo. Así que preservaron la estructura familiar tradicional[28]. Las élites neoliberales no han razonado de otro modo, salvo que han llegado a la conclusión contraria. La libertad sexual es una salvaguardia eficaz contra la revolución social, porque hace a los individuos más indiferentes a su estatus social y más centrados en sus propios cuerpos. Hace que el explotado se solidarice mentalmente con el explotador, porque ambos creen que la libertad consiste en hacer lo que uno quiere como uno quiere con su propia propiedad, el uno

---

[27] Por ejemplo, el Impuesto de Igualación de Intereses del Presidente Kennedy, 1963.

[28] Nicolas WERTH, *Le cimetière de l'espérance. Essais sur l'histoire de l'union soviétique, 1914-1991* (Tempus, 2019), capítulo 6, «De l'amour libre à l'ordre moral», p. 127-145.

su cuerpo, el otro su dinero. «A medida que disminuye la libertad política y económica —escribió Huxley—, la libertad sexual tiende compensatoriamente a aumentar»[29]. Esto es exactamente lo que ha ocurrido. La liberalización sexual es ante todo una "biopolítica" elitista, destinada a controlar a las masas tentadas por la democracia nacionalista y/o socialista. Por eso los partidos populares o populistas con una ética libertaria son la mayoría de las veces izquierdistas: «enfermedades infantiles», como decía Lenin, que no representan ningún peligro serio para las élites y, en adelante, para el Leviatán. El individualismo basado en el disfrute es obviamente incompatible, salvo contadas excepciones, con la disciplina intelectual, moral y social necesaria para librar la lucha política por una sociedad socialista. Una vez instalado en la intimidad personal, contaminará inevitablemente el comportamiento político, sobre todo si el proletario ha podido entretanto elevarse al menos al nivel de pequeño burgués. Por lo tanto, la ética libertaria se encuentra lógicamente en el corazón de la cultura de la impotencia promovida por las élites neoliberales para sus súbditos. Va de la mano del Leviatán. Lo mismo ocurre con toda una serie de reivindicaciones —feministas, indigenistas, animalistas, etc.— que (cualquiera que sea su legitimidad, que no viene al caso) tienen la función ideológica esencial de reforzar el interés del individuo por su cuerpo físico, en detrimento del interés por el cuerpo social, fomentando así la desvinculación institucional y política. Se trata siempre de poner la mayor parte de la energía igualitaria, de la pasión igualitaria, al servicio de todo tipo de objetos que no representan ningún peligro para el poder de las élites: al contrario, ya que todos

---

[29] HUXLEY, *Un mundo feliz*, Prólogo (DeBolsillo, 2003).

van objetivamente dirigidos a aumentar la impotencia. Pero esta política cultural, por hábil que sea, no protege absolutamente al sistema neoliberal contra la reaparición de un neocomunismo de línea dura, que cuestionaría la ética libertaria, como hizo Stalin[30], y que querría (o no) enfrentarse al Leviatán a su manera.

213. *El antinacionalismo del Leviatán.* El ejercicio neoliberal ha encontrado sus límites: la crisis bancaria (2008), la crisis de la deuda soberana (2010), el Brexit (junio de 2016), la elección de Donald Trump (noviembre de 2016), la disfunción duradera de la constitución de los Estados Unidos de América, la rebelión de Rusia, la emergencia del poder chino y, desde 2022, el retorno de la inflación. Y luego, en las mentes más reflexivas, la conciencia de la convergencia gradual entre la lógica neoliberal y la lógica del Leviatán en ciernes. Es ciertamente lógico, pero ¿es correcto y sensato deconstruir las culturas para intentar acabar de una vez por todas con las naciones? ¿Combatir el socialismo como servidumbre, reduciendo cínicamente a los ciudadanos a la impotencia mediante la desorientación, el desarraigo y la pérdida de identidad? ¿Defender la Ilustración anulando la libertad de debatir y pensar? ¿Defender la democracia anulándola? ¿Combatir el nacionalismo explotando la emigración para devolver las sociedades políticas desarrolladas a un estado tribal y, en última instancia, gobernar a los pueblos con métodos de Servicio Colonial?

214. Durante mucho tiempo, sin embargo, la política neoliberal y la cultura de la impotencia bastaron para

---

[30] WERTH (2019), pp. 127-145.

bloquear la evolución hacia el socialismo, que era inevitable incluso en una cultura moderna "posmodernizada". Pero está claro que la energía inherente a todos estos medios se estaba agotando a finales de la década de 2010. Fue entonces cuando las élites neoliberales, al límite de sus fuerzas, desesperadas por controlar la democracia con los instrumentos anteriores, se vieron tentadas por una abolición mucho más radical de la democracia y de las naciones, incluidas sus culturas. La democracia nacional controlada iba a ser sustituida por un despotismo ilustrado, allanando el camino para el Leviatán, bajo diversos pretextos de seguridad. El miedo a la guerra, o incluso la guerra misma, podría ser el más plausible de estos pretextos, pero no sería necesariamente el más utilizado.

215. La alternativa al control global neoliberal, y luego mediante el Leviatán, pasa evidentemente por un nuevo papel de las naciones, coherente con la invención de una especie de tercera vía, más igualitaria pero libre, en economía, y con una nueva cultura humanista "ultramoderna" (§ 220, 224). La política neoliberal está por tanto condenada al fracaso si no demoniza a las naciones. Pero al identificarse gradualmente con la política pro-Leviatán, se condena a sí misma a compartir su destino. Las élites harían bien en reflexionar sobre esto.

V. Esbozo de una solución política sin Leviatán

216. ¿Qué otra cosa podemos imaginar? ¿Qué otra opción existe? La nación imperial, premoderna o moderna, ya no puede funcionar. El Leviatán —hacia donde se dirige el posmodernismo— es una locura, y un mayor riesgo de

guerra. La autarquía de cada nación ya no tiene mucho sentido. Una asamblea general de casi doscientas naciones es obviamente impracticable. Entonces, ¿qué?

217. Si las naciones no son estúpidas, pueden optar hoy por asumir la función de imperio y de seguridad colectiva, formando parte de una alianza anti-Leviatán, teniendo dicha alianza la vocación de asumir prácticamente la función de imperio. O tal vez un grupo de alianzas.

218. ¿Por qué se produce esta inversión? Porque el imperio, en su concepto puro, destruye ahora toda nación, con su cultura y sus instituciones, incluyendo la república y la libertad en toda nación moderna. Hoy, cualquier nación moderna o posmoderna, si es demasiado imperialista, está abocada a la guerra y al Leviatán. Por eso, todas las naciones que quieran renacer en libertad y subsistir en seguridad, si no son estúpidas, querrán vivir unidas, no contra las grandes naciones, sino contra las políticas del imperialismo universal (incluida su propia tentación de adoptarlas) y contra el Leviatán. Es una alianza tan necesaria contra un peligro tan destinado a permanecer en el futuro, que puede ser sostenible.

219. La pregunta es legítima: «¿Cómo puede funcionar un imperio sin un poder mundial unificado?». La respuesta es que nunca puede existir tal Potencia, sin un grado insoportable de violencia y de mentira, y de tensión, que la condene a no durar, y que corra el riesgo de estallar en guerra. Cuanto más enorme se hace una potencia única, más condenada está a ser, como mínimo, un manojo o, en el peor de los casos, una masa incoherente de potencias rivales, a menos que sea durante un tiempo una dictadura

de hierro. Incluso un Stalin globalizado, utilizando los medios más monstruosos proporcionados por la medicina neonazi, sólo gobernaría precariamente sobre una inestable federación de feudos. El Leviatán, concebido para evitar la guerra, conlleva el peligro permanente de la desintegración. Por no hablar de la guerra social, la lucha de clases o el terrorismo anarquista. Todo lo que se asocia puede disociarse. A toda dinámica federadora abusiva corresponde una dinámica secesionista.

220. Para resolver el problema de la guerra, que es también el problema de la libertad, necesitamos sustituir el Leviatán: para preservar la libertad digna y asumir al mismo tiempo la función de imperio, por una alianza de naciones que podemos llamar "ultramoderna", es decir, verdaderamente más allá de la modernidad —del mismo modo que una política de paz está más allá de una política de guerra, y una política de amistad más allá de una simple política de poder—. En la matriz de un nuevo humanismo se desplegarían formas políticas, sociales y económicas inéditas, que darían cuerpo a un pacto social mundial de equidad.

IV.
LA ALTERNATIVA: PAZ CULTURAL SIN LEVIATÁN

221. EL *PODER* SE MIDE en riqueza y fuerza. La autoridad de la cultura es inmaterial. La autoridad es más duradera y más poderosa que el poder. Ahora que hemos esbozado (Cap. III) una estructura *política* de paz sin Leviatán, queda completarla con una cultura de paz sin Leviatán y una estructura *cultural* de paz sin Leviatán (Cap. IV).

222. ¿Qué cultura de paz? La modernidad y la posmodernidad han tenido su momento, porque son las inspiradoras y las servidoras del Leviatán absoluto. La iniciativa corresponde, pues, a las religiones y sabidurías del pasado y del futuro. Pero, ¿estarán a la altura del desafío? ¿Acaso no son todas las religiones conquistadoras, impulsoras de la guerra, de la guerra santa y de la teocracia? ¿Cómo pueden convertirse en factores de paz sin desnaturalizarse? ¿De libertad de espíritu? ¿Es concebible establecer "la paz de la fe"? Estas son las preguntas de este cuarto y último capítulo. Son las más difíciles. Algunas de las respuestas

serán forzosamente inciertas, pero eso no es motivo para no avanzar. Necesitamos un debate en profundidad.

I. PARA EVITAR MALENTENDIDOS

223. Hasta ahora, hemos estado operando a nivel universal. Pretendemos permanecer en él. Sin embargo, la naturaleza del sujeto nos obliga a entrar en consideraciones aparentemente más particulares y subjetivas. Por eso no lo consideramos un inconveniente, sino todo lo contrario.

224. (1) Como su propio nombre indica, la *religión* es (salvo donde sólo quedan prácticas externas e instituciones muertas) *la relación viva, individual y social, entre el hombre y el Absoluto, y de los hombres entre sí en el Absoluto.* Por eso la religión, vista en su esencia universal, no es ciertamente un hecho particular, o una cosa del pasado. Simplemente porque el Absoluto no puede ser eliminado. En el pensamiento, el Absoluto no puede ser neutralizado. Tampoco puede ser neutralizado en la realidad. El hombre se define como el ser vivo que busca el Absoluto, a menudo donde no está. Cuando no lo buscamos en lo que es, creemos encontrarlo en lo que no es. De ahí vienen la mayoría de nuestros problemas. Para vivir en paz, debemos ser capaces de relativizar. Pero hace falta el Absoluto para relativizar. Cuando todo es relativo, nada puede relativizarse. Lo dramatizamos todo. El resultado es la depresión o el ascenso a los extremos. El Absoluto, reconocido como tal, y por tanto la religión, en su esencia universal, y la sabiduría metafísica, estarán necesariamente en el centro de una cultura universal de paz. Y esto es verdaderamente universal.

225. (2) El fin de la modernidad y el retorno de la religión explícita no señalan el fin del humanismo y de la libertad. Sólo el fin de una cierta religión moderna del Hombre. La posmodernidad, que la amplió con una religión del superhombre, fue a la vez un humanismo extremo y una gran crisis antihumanista dentro del humanismo occidental[1], como no se había visto desde al menos el siglo XIV. El humanismo es, en efecto, un destino universal: de no ser así, no se habrían inventado ni la ciencia ni la técnica. Pues son estas dos aptitudes y estas dos producciones las que hacen objetivamente evidente la diferencia entre lo animal y lo humano −«el animal en el que hay más de lo divino», como decía Aristóteles− y su eminente dignidad. El humanismo occidental moderno o posmoderno es una particularidad que querría universalizarse, pero lo universal ya está en otra parte, y el humanismo siempre está en ella.

226. (3) El humanismo es un hecho universal, incluso para quienes se imaginan que lo combaten desde fuera. Pero el concepto supremo del humanismo es el de Dios-hombre. Por eso la filosofía se ve obligada a prestar especial atención al cristianismo. Como la iniciativa pertenece a la religión, en un contexto en el que el humanismo es cada vez más necesariamente un destino universal, es racional interesarse especialmente por una religión particularmente humanista, ya que sitúa en su centro y en su cima a un

---

[1] Yuval Noah HARARI, *Homo Deus. A Brief History of Tomorrow* (Londres: Vintage, 2015). «Es probable que intentar cumplir el sueño humanista provoque su desintegración» (p. 76). Harari también habla de dotar a los humanos de la fuerza de Hércules y la sensualidad de Afrodita. Pero, ¿por qué no habla también de la agresividad, belicosidad y dominio de Marte? También habla de la locura de Dioniso.

ser individual, Cristo, al que considera verdaderamente el Dios-hombre. Según esta creencia, no es ante todo el hombre el humanista, sino Dios, puesto que se convierte en Dios-hombre.

227. (4) Son temas en los que necesariamente hay un mayor grado de subjetividad, lo cual no quiere decir que no pueda haber verdad en ellos, pero es en parte desde dentro y personalmente como los conocemos y juzgamos, como cuando estudiamos el dolor. Un autor tiene sus propias opiniones, pero esto es cierto para todos los autores, y también para todos sus críticos. La noción de sesgo cognitivo es en sí misma una fuente de sesgo cognitivo. No me interesa expresar mis opiniones. Quiero la verdad.

228. Este libro está escrito para los responsables de la toma de decisiones, para que piensen. Un pragmático sabe que lo más útil es la verdad.

II. Directrices para una Cultura de Paz

229. Como pueden imaginar, no se trata de crear una nueva cultura *ex nihilo*. Respetamos las grandes tradiciones universales que el Occidente posmoderno está destruyendo. También respetamos a Occidente. Necesitamos una nueva síntesis humanista.

230. La futura cultura de paz no puede ser ni moderna ni posmoderna; en otras palabras, su piedra angular no puede ser la libertad de la autonomía radical. ¿Por qué no puede serlo? Porque las culturas de "libertad ante todo" son culturas de guerra. Sobre la base del humanismo

occidental, tal como ha evolucionado en la cultura moderna-posmoderna, no hay solución a los problemas de la paz, aparte del Leviatán, que, como sabemos (Cap. I-II), no es la solución.

231. La cultura de paz que buscamos tampoco puede ser simplemente premoderna, pues no podemos seguir minimizando la *libertad* en la cultura y en la ciudad, aunque ya no tenga que ser lo primero; ni podemos pretender que la *naturaleza* no exista; ni podemos prescindir de la *razón*, pues no desinventaremos la ciencia ni la técnica, aunque tengamos que repensarlas para rehumanizarlas. Estos tres requisitos son los primeros cimientos de una cultura humanista que tendremos que llamar "ultramoderna". Pero ya no es posible interpretar estas tres nociones clave como lo hicieron los Modernos. Necesitamos una nueva sabiduría humanista.

232. Por tanto, la piedra filosofal de la cultura que buscamos sólo puede ser la *philia*, la amistad social, porque es el único valor (a) que es claramente universal y objetivo, (b) cuyo efecto propio es obviamente la paz; y que (c) une indisolublemente el bien y la libertad, la naturaleza y la libertad, la naturaleza y la cultura, la felicidad y el deber.

233. Se trata de una verdadera revolución cultural. Esta revolución debe comenzar por la razón, que debe redefinirse a sí misma, no por una "duda", equivalente a un complotismo metafísico (§ 78-A), coherente sólo con la "libertad-primera" de la autonomía radical, sino por un cuestionamiento bajo criterios absolutos y por una interrogación dialogante sobre la *philia*.

125

234. En toda cultura funcional, es decir, capaz de fundar una civilización pacífica (al menos dentro de su propio espacio), el hombre está dotado de una dignidad que debe ser respetada, que excluye la agresión y la guerra. La dignidad del hombre sólo tiene sentido por su diferencia específica, que consiste en su aspiración a lo Absoluto y su capacidad de aprehender la totalidad en la verdad, en relación con este *Archē*. Esta comprensión de todo en el ser y bajo el Ser se explicita y justifica en una ciencia llamada desde hace tiempo metafísica, que comprende (1) la ontología, la ciencia del ser, *tou ontos*; (2) la teología natural (*theos*, Dios, es decir, el Primer Ser); y (3) la crítica, que justifica los planteamientos precedentes. La cultura posmoderna, para curar su neurosis moralista moderna, intenta deconstruir la metafísica y la razón. Niega así tanto la diferencia como la dignidad humanas. Hombre, animal, máquina, todo se confunde. Tal es la crisis antihumanista de la cultura posmoderna. Humillando así al hombre, lo desmoralizamos y debilitamos, hundiéndolo en un estado de impotencia que le permitirá ser dominado por el Leviatán. La palabra "dignidad" no significa entonces nada, salvo la afirmación arbitraria de una autonomía radical e infundada, que tranquiliza a los más neuróticos y halaga a los más transgresores en beneficio de los más ricos y poderosos. Mantengamos esta cultura y tendremos tanto Leviatán como guerra. La cultura ultramoderna será metafísica, o no será.

235. No basta con partir de lo que existe, abarcar todo lo que hay de noble, verdadero, bueno y bello en las sabidurías, las religiones y la filosofía modernas, y también de legítimo en las reacciones posmodernas. Para evitar la superficialidad ecléctica y la confusión sincrética,

necesitamos un *denominador común filosófico*. *Philia* es, en nuestra opinión, este denominador común para la nueva cultura de paz que buscamos. *Philia* vincula rigurosamente naturaleza y cultura, armonía cósmica, paz social y amor humano, lógica y moral, libertad e igualdad. La cultura filosófica ultramoderna de la *philia*, de la paz y la libertad dentro de la *philia*, *es* la que, formando un bajo continuo bajo la melodía de las religiones y las sabidurías, desempeñará un papel esencial en la *contención cultural* del Leviatán.

236. La cultura de paz debe apoyarse en una institución flexible, una *entente no relativista de religiones y sabidurías*. ¿Por qué "no relativista"? Porque decir que no hay verdad absoluta es la primera tesis posmoderna (§ 127) (y, contradictoriamente, su primera verdad absoluta). Esta tesis es el fundamento de la cultura de la impotencia, que asegura el poder del Leviatán y condena al hombre al totalitarismo y a la guerra. En el contexto actual, el "relativismo" se define como el reblandecimiento de la razón y la verdad, incluso en las ciencias, bajo el control de poderes cínicos y bajo la presión de una libertad arbitraria neurótica.

237. ¿Qué puede ser este "entendimiento no relativista"? Ante todo, un diálogo amistoso, interesante, continuo y profundo entre personas inteligentes, civilizadas (es decir, que buscan la paz) y espirituales, para avanzar hacia una verdad cada vez mayor, sin traicionar nada esencial. Esto no excluye el proselitismo ni las conversiones. Pero sin duda implica también el "denominador común" del que hablábamos (§ 235): la mediación de una filosofía, flexiblemente común, que replantee el espíritu crítico de la A

a la Z, y que responda a la preocupación inicial del humanista irreligioso por la libertad de la mente (§ 286-293). Ir más allá de lo que nos hemos aventurado a decir sobre tal filosofía sería desviarnos demasiado del tema. Repitamos simplemente que el complotismo de la "duda" o "sospecha" filosófica debe ser sustituido por un cuestionamiento que dé paso a la confianza metódica; que la metafísica (§ 234) debe recuperar su lugar en el cuerpo bien articulado del pensamiento; y que la "libertad ante todo" debe dar paso a la *philia* como clave sistemática y horizonte de la civilización universal.

238. ¿Qué hacemos ahora? ¿Cuál es nuestro plan? En primer lugar, debemos superar la problemática tradicional (moderna y postmoderna) de la crítica religiosa, no destruyéndola, sino procediendo a su necesaria universalización (3-4). Entonces podremos determinar una nueva problemática (5) y, en consecuencia, plantear preguntas verdaderamente fecundas a los saberes y, sobre todo, a las religiones (6-8). Una vez aclarada la idea de una religión auténticamente humanista (9-10), concluiremos nuestro razonamiento con "la paz de la fe" (11).

III. Crítica universalizadora de la religión como factor de guerra

239. Es comúnmente aceptado entre modernos y posmodernos que la religión es una cultura de guerra, no de paz —que contiene una base ineliminable de "fanatismo"—. La prueba está en las guerras de religión. Es necesario universalizar, relativizar y clarificar esta tesis.

240. Universalizada, porque puede haber guerra "cultural" sin que haya "religión" en el sentido corriente del término. Así, buscaríamos en vano el menor motivo "religioso" en las dos guerras mundiales del siglo XX, donde los factores ideológicos no fueron desdeñables, sino que parecen exclusivamente filosóficos, "modernos" (Democracias, Unión Soviética) o "posmodernos" (para los nazis). También hemos reconocido por qué y en qué medida las culturas modernas/posmodernas son culturas de guerra (§ 171 y 173-174). Si las religiones son así, al menos no son las únicas. En resumen, la crítica de las religiones como factores de guerra debe universalizarse en una crítica de las culturas de guerra.

241. Relativizada y aclarada, porque no basta autorizarse a hacer la guerra para tener *ipso facto* una cultura bélica. La mayoría de los individuos y todas las sociedades, por pacíficas que sean, reivindican el derecho a la legítima defensa de sus intereses vitales. Entre estos intereses se encuentra una cultura compartida. Sin ella, una sociedad carece de la *auctoritas* capaz de estabilizar su *potestas*, legitimarla, hacer pacíficamente aceptables las decisiones comunes y evitar las negativas violentas a acatarlas. Por tanto, no es más sorprendente *a priori* ver el uso de la fuerza para defender la cultura común, si es injustamente atacada, que para defender el territorio, o la seguridad del Estado, o los yacimientos de petróleo.

242. Al señalar con tanta insistencia los puntos anteriores, nuestra intención no es, como suele decirse, "enturbiar las aguas". Todo lo contrario. Puesto que la iniciativa histórica ha vuelto a recaer en las religiones, es esencial plantear el problema de la guerra y la violencia cultural centrándonos ante todo en las religiones.

243. Cuando se enfrentan a las críticas de la violencia religiosa, las religiones suelen intentar responder minimizando el problema, o incluso afirmando su pacifismo. La religión, dicen, es paz; las guerras religiosas son cosa del pasado, el resultado de la instrumentalización de la religión por los poderes económicos o políticos. Todo lo que se necesita para convivir en paz es un poco de buena voluntad.

244. Esta respuesta no carece de relevancia. Podemos ir a la guerra supuestamente, hipócritamente, por la religión; en realidad, con la idea de que es una palanca de autoridad que dará poder y dinero; o, si nada de esto nos interesara realmente, podríamos seguir luchando por la autoridad desnuda, por pura voluntad de poder espiritual.

245. Sin embargo, esta respuesta es muy insuficiente. Queda por demostrar cómo, con la mejor buena voluntad del mundo, se pueden hacer coexistir cosas realmente incompatibles dotadas de un carácter absoluto. Por ejemplo, las guerras estadounidenses en Irak (1990, 2003) no pueden explicarse adecuadamente por el petróleo o los intereses estratégicos[2], o por la instrumentalización del islam radical. También tienen que ver con la creencia musulmana en el Absoluto-Alá, por un lado, y la creencia occidental en el Absoluto-Hombre-Libertad, por otro; más con el universalismo de ambos y su −al menos aparente− incompatibilidad.

246. Podríamos formular correctamente la dificultad diciendo que, sin el Absoluto, es la Guerra, porque nada tiene fundamento, todo es arbitrario: y por tanto sólo existe

---

[2] William ENGDAHL, *Century of War: Anglo-American Oil Politics & the New World Order* (Wiesbaden: Edition Engdahl, 2011).

la fuerza, que puede hacer lo que quiera. Pero con el Absoluto, sigue siendo Guerra, que puede llegar al extremo porque lo que está en juego es absoluto. *Este es exactamente el dilema, o más bien la antinomia (§ 270-271), de la que debemos salir.*

247. Repitamos que si ponemos entre paréntesis lo Absoluto, no suprimimos en absoluto la necesidad de lo Absoluto, que se satisfará entonces absolutizando lo que esté en juego. Esto es lo que llamamos "sublimación". Y la privación de lo sublimado da lugar a la "dramatización". Es cierto que, sin el Absoluto, podemos entrar en una meditación de la nada que suele originar una serena indiferencia, pero esa misma nada (que acabamos absolutizando) también puede alimentar la irracionalidad, la desesperación y la violencia. Está claro, pues, que el problema de la paz cultural es universal, aunque sea la religión la que mejor nos permite plantearlo, porque la presencia del Absoluto es más explícita en la religión.

248. Antes de ser factores de guerra, las religiones (y la cultura en general) engendran poder, y tal vez guerra, no porque sean especialmente violentas, sino sencillamente porque tienen *auctoritas*. La autoridad es lo que permite que un poder sea obedecido sin necesidad de empuñar un hacha[3]. La cultura *tiene* autoridad. El poder tiene autoridad en la medida en que también encarna la cultura. No es sorprendente que se pueda luchar por la cultura, tanto por el apoyo de autoridad que esta proporciona al poder

---

[3] Hannah ARENDT, *La crise de la culture. Huit exercices de pensée politique* (*Between Past and Future*, 1954), Gallimard, 1972, p. 128-129, y 160.

como —y de modo inseparable— por el sentido que la cultura otorga a la existencia.

249. Tocando claramente lo Absoluto, dando Autoridad, la religión parece ser *por excelencia* aquello por lo que iremos a la guerra y escalaremos hasta los extremos. Pues no hay nada más importante que el Absoluto, para quien esté dispuesto a pensar en ello. Así pues, parece que el Absoluto y la relación con el Absoluto son el fin que justifica los medios (§ 27-30), el fin *necesario* que justifica el uso de todos los medios *necesarios*. Pero no olvidemos que esta relación con el Absoluto se encuentra en toda conciencia humana ligeramente despierta, y no sólo en la práctica de una religión histórica e instituida. Filósofos como Plotino o Spinoza, o incluso Hegel, creían experimentar una intensa relación con el Absoluto, aunque no estuvieran subjetivamente apegados a ninguna creencia religiosa en particular.

250. Se objetará que la mayoría de la gente, especialmente en Occidente, tiene poco que ver con el Absoluto. Eso es cierto en la superficie, pero nunca lo es a un nivel más profundo, ni siquiera en Occidente. El deseo de lo Absoluto es el propio inconsciente. Nunca hay que subestimar el inconsciente. En cualquier caso, la guerra es «un conjunto estructurado por la jerarquía de medios y fines... siempre subordinado al fin superior»[4]. Por lo tanto, es inevitable que la determinación y la justificación de los medios provengan de aquello que es el fin superior, es decir, de aquello que, objetiva o subjetivamente, es el Bien Soberano, el Absoluto. Esto es bastante universal, ya que

---

[4] Raymond ARON, *Penser la guerre, Clausewitz*, Volumen I: *L'âge européen* (Gallimard, 1976), p. 165.

se aplica igualmente bien a la defensa de un orden cultural relativista, considerado necesario para la salvaguardia de la Libertad, concebida como valor primero y supremo.

251. Aun teniendo en cuenta lo anterior, y siempre con la esperanza de asegurar la paz, todavía podemos ir a por todas y tratar de crear una cultura puramente política, jurídica y procedimental, que ponga realmente entre paréntesis lo Absoluto, el Bien, en lo que respecta a su lugar en la *polis* (ciudad). La relación con lo Absoluto queda cuidadosamente confinada a la esfera de la opinión subjetiva y de lo facultativo. ¿No sería una solución inteligente, si pudiera funcionar? Desgraciadamente, no es así.

252. He aquí por qué. Al razonar de este modo, situamos la paz civil por encima del Absoluto, como algo más valioso, más importante, más necesario y vital, pues son nuestros actos, y no nuestras declaraciones, los que dicen en qué creemos realmente y qué es lo que más valoramos. En el proceso hemos elevado la paz, o la libertad individual, a un valor supremo, a un fin último, a un bien soberano. Esto equivale a poner como "Primordial" el principio implícito de nuestros juicios de valor: la armonía cósmica, o la libertad humana. Así pues, seguimos en una u otra estructura metafísica, estructuras de las que nunca saldremos, sencillamente porque la idea misma de salir de ellas envuelve la contradicción. En el corazón de esta cultura en principio puramente política, seguimos encontrando la relación con el Absoluto, y vuelve a surgir el mismo problema.

253. Los procedimientos están al servicio de los fines supremos. ¿Pero superiores a todos *para quién*? (1) Para la sociedad en su conjunto, y (2) para una mayoría o minoría

de individuos, cuyos fines supremos individuales resultan ser los mismos que los fines supremos del conjunto. En términos rawlsianos, nos gustaría distinguir entre un bien substancial metafísico-moral, que se aplicaría al individuo en su esfera privada, y una justicia formal procedimental, que se aplicaría a la sociedad en su conjunto, dejando a todos los individuos igualmente libres[5]. El problema es que aquí no hay igualdad, y el sentimiento de libertad está muy desigualmente repartido. Para algunos individuos, es precisamente la justicia rawlsiana su bien sustancial. Otros individuos, mayoritarios o minoritarios, tienen fines supremos distintos al de esta sociedad, de modo que este liberalismo no consigue crear una cultura común no conflictiva. Esto ha sido perfectamente obvio para cualquier observador de la sociedad estadounidense al menos desde 1972. La *guerra cultural* hace estragos en EE. UU., amenazando con degenerar, y uno de los dos bandos no es otro que el de los defensores de esta cultura supuestamente política en estado puro y supuestamente neutral. En realidad, lo puramente formal no existe, porque la forma vacía genera contenidos que se adaptan a ella, y la pretendida relatividad se transforma inmediatamente en un Absoluto sustitutivo. Por eso, una cultura que pretende ser toda política nunca podrá ser más que una cultura tan sustancial, tan metafísica y tan moral como cualquier otra. Utiliza –a menudo de modo ingenuo, y a veces hipócritamente– su apariencia de neutralidad como instrumento de autoridad. De este modo, también puede utilizarse como parte de una estrategia de poder.

---

[5] John RAWLS, *A Theory of Justice* (Cambridge, Mass., and London, UK: Belnap Press Harvard University Press, 1971), *passim*.

254. Por tanto, la cultura común, ya sea religión, sabiduría, ideología u otra forma, es siempre una autoridad basada en lo Absoluto. Y es un hecho que la autoridad puede dar poder, y dinero. Cultura, economía y política son, pues, tres dimensiones de la sociedad humana, tan inseparables como las tres dimensiones de nuestro espacio. Por tanto, cualquier guerra tendrá también necesariamente estas tres dimensiones[6]. Lo sabemos *a priori*, y ningún análisis histórico puede ir en contra de ello. En particular, no hay prácticamente ninguna guerra (ni siquiera la de las Malvinas[7]) que no sea en parte una guerra cultural. Y a la inversa, no hay guerra cultural (entre religiones, entre ideologías, y entre ideologías y religiones) que no sea también una guerra política y económica. ¿En qué proporciones se da para cada grupo o individuo participante, si es que esta evaluación es posible? En proporciones muy variables.

255. Si este análisis es correcto, todo lo que forma parte del hombre, empezando por la cultura, puede convertirse en un factor de guerra. Una cultura común que sustenta un orden social, cualquiera que sea y comoquiera que sea, posee autoridad, da autoridad, que da poder, que da facilidades o ventajas. Con religión o sin ella, es imposible escapar a esta lógica, que es universal, que crea inevitablemente una tensión entre orden y libertad, y que abre

---

[6] Por supuesto, hay que distinguir entre guerras de conquista o de independencia, guerras de opio, guerras de religión, etc.

[7] Si incluimos la cultura política en la idea de cultura, es obvio; pues la guerra de las Malvinas también estaba dirigida, más allá de las apuestas territoriales, contra la dictadura argentina por una democracia liberal. Además, en una cultura moderna y liberal, la cultura política de la libertad tiene una dimensión más que pragmática, casi sagrada, que afecta al sentido mismo de la vida.

fácilmente la puerta a la hipocresía. El verdadero problema, entonces, es que esta lógica, que forma parte de la esencia invencible de las cosas, no se compromete ni con una lógica de guerra ni con una lógica de opresión.

256. El problema que se plantea aquí para la religión, o la sabiduría, se plantea para cualquier forma de cultura cuando se convierte en común: pues las opciones colectivas, las decisiones comunes, o son puramente arbitrarias, y domina la pura fuerza; o están justificadas por principios aceptados al menos por una mayoría, o por una minoría dominante, y estos principios son entonces precisamente la cultura común. No puede existir una sociedad de derecho sin una cultura común que la sustente. Así pues, está bastante claro que la guerra religiosa no es más que un caso especial de la guerra cultural. Es esta última noción la que hay que aclarar.

257. Cualquiera que sea nuestra cultura o nuestra religión, queremos el poder, o al menos (lo que a menudo equivale a lo mismo) la libertad de enseñar este camino de salvación, o este arte de vivir, o este camino hacia la libertad que da sentido a nuestra existencia; por lo tanto, también necesitamos un cierto poder para regular la enseñanza, al menos para proteger nuestra libertad, así como dinero para construir escuelas, universidades, etc., y la libertad para procurar este dinero; y diversos medios para mantener este cierto poder, sin el cual perderíamos esta libertad. Así que, por la gloria de Dios, o el triunfo de la Libertad, o el Sentido de la Historia, o la Era del Individuo, o lo que se quiera, aquí estamos, todos igualmente metidos hasta el cuello en la persecución de bienes demasiado humanos, y comprometidos en los conflictos en

los que están en juego. Y puesto que lo que está en juego en última instancia es siempre, por definición, de valor absoluto —al menos subjetivamente—, ¿no nacen nuestras guerras como guerras culturales y amenazan con llegar un día a los extremos?

IV. UNIVERSALIZAR TAMBIÉN LAS NOCIONES DE FANATISMO, GUERRA SANTA Y TEOCRACIA

258. Si la guerra religiosa es sólo un caso especial de la guerra cultural, entonces el fanatismo religioso, la guerra santa religiosa y la teocracia religiosa son sólo casos especiales de fanatismo cultural, guerra "santa" cultural y teocracia cultural. No importa lo que hagas o quién seas, siempre existe el riesgo de ser el fanático de alguien. Un relativista no debería tener problemas para entender esto.

259. Buscas ante todo a Dios y su gloria. La salvación de las almas. No hay nada más importante. En ese caso, ¿no os consideráis en una situación de defensa propia, y autorizados a usar la fuerza, como último recurso para defender vuestra civilización y evitar la pérdida de almas? ¿Es esto fanatismo? Tal vez lo sea. Pero a la inversa, si eres filosóficamente liberal, ¿no crees también que estás en situación de autodefensa contra religiones fanáticas o ideologías totalitarias? Tenemos que admitir, al menos como hipótesis, que la guerra "santa" y la teocracia pueden ser conceptos más universales de lo que solemos pensar, opciones que son relevantes para todas las culturas, incluidas las más liberales. Si se validara esta hipótesis, obviamente tendríamos que replantearnos la mayoría de nuestras concepciones para servir a la causa de la paz y la libertad.

260. En una concepción teocrática, el Absoluto es Soberano, y los gobernantes que gobiernan a través de Él están para hacerle reinar. Si se sustituye mentalmente el Absoluto-Dios por el Absoluto-Libertad, la fórmula teocrática funciona bastante bien para caracterizar un ideal nacional moderno, o democrático o republicano. Por eso hay que admitir que el término teocrático puede aplicarse de forma más amplia de lo que suele ser habitual. Hay aquí una estructura universal.

261. Cuando ponemos la "Libertad primero", especialmente en el modo posmoderno, se convierte subjetivamente en el Absoluto, y la vida en libertad individual radicalizada se convierte en el equivalente de la "salvación eterna"; en otras palabras, la consecución del fin último. Perder esta Libertad es el Infierno.

262. El Antiguo Testamento prevé que el pueblo elegido emprenda la guerra santa, y de una forma especialmente despiadada. En nombre de Yahvé, el gran profeta Samuel apartó del trono de Israel a los descendientes del rey Saúl, porque este había desobedecido la Ley al perdonar la vida a un enemigo derrotado[8]. La diferencia con el Islam no parece considerable.

263. En Occidente, nos declaramos escandalizados por la idea de la yihad militar, pero no nos perturba demasiado que el Occidente posmoderno, en nombre de su religión laica del Hombre y de la Libertad, castigue a pueblos enteros, causando millones de muertos, sobre todo entre los

---

[8] 1 Samuel 15.

niños, por falta de alimentos o medicinas. Si fuéramos capaces de formarnos nociones verdaderas y universales, reconoceríamos que entre 1991 y 2021, el Occidente posmoderno emprendió varias guerras, a sus ojos "santas" (en relación con su Absoluto de Libertad), contra musulmanes considerados infieles. Estos últimos no se equivocan. Sólo se equivocan al hablar de "cruzados" y "cruzadas", porque este Occidente, al menos en sus esferas de poder, ya no tiene mucho de cristiano. En resumen, Occidente es un relativista incapaz de relativizarse a sí mismo.

264. Cuando el Occidente posmoderno toma las armas contra el islamismo en nombre de la Libertad, está, en definitiva, oponiendo su religión a otra; y esta religión de la Libertad, que no es juez sino parte, y que no cesa de hacer la guerra a otra, no puede en modo alguno pretender situarse por encima de las religiones y de las sabidurías para organizar entre ellas una coexistencia pacífica con la que ella misma sería incapaz de coexistir. *Pero entonces, ¿quién puede?* Esta es la pregunta que nos planteamos.

265. Con la modernización tecnológica, una guerra entre religiones —por ejemplo, entre musulmanes y cristianos, o entre musulmanes e hindúes— significaría (1) terrorismo sin futuro estratégico, a menos que se convirtiera en nuclear; o (2) guerra a cualquier precio, nuclear, o el establecimiento de un Leviatán teocrático. Todas estas nociones encierran ahora una contradicción. La guerra santa entre religiones no se borra ni se niega, *se desactiva* por su inaplicabilidad duradera, debido a la evolución de las técnicas.

V. Nuevos problemas

266. Hemos llegado a un punto de inflexión. Era necesario ir más allá de los problemas tradicionales de la crítica religiosa, procediendo a su necesaria universalización. Era necesario, porque si las religiones han sido dejadas de lado en favor de la sabiduría moderna, es sobre todo porque han sido consideradas como factores de guerra. Sin embargo, la experiencia ha demostrado que dejar de lado la religión no elimina la guerra: de ahí la evidente insuficiencia de esta solución. Es más, la experiencia también nos muestra, y la razón demuestra, que la consecución del humanismo moderno conduce a la máxima inhumanidad: el Leviatán absoluto. Por tanto, el futuro, si es que lo hay, sólo puede encontrarse en un humanismo sabio y religioso, que es sin duda una cultura de paz. La forma más sencilla de determinar este concepto parece ser utilizar las críticas que han justificado la marginación de la religión en el pasado, para ver cómo las religiones, además de sus fines trascendentes, pueden asumir sus responsabilidades culturales e históricas, para evitar que el Leviatán sea el destino de todos nosotros.

267. Pero si el miedo a la guerra religiosa y al caos es la razón más obvia para marginar a las religiones, no es necesariamente la única razón, ni siquiera la más profunda. La mayoría de estas críticas están profundamente arraigadas en una exigencia de libertad. Tenemos un indicio de ello en ciertos países, como Polonia, que consiguió evitar las Guerras de Religión en el siglo XVI[9], sin menosprecio de la

---

[9] Tadeusz WYRWA, *La pensée politique polonaise à l'époque de l'humanisme et de la Renaissance* (Librairie polonaise; Poets and Painters Press, 1978), pp. 453-536.

Verdad ni detrimento de la religión. Por el contrario, a lo largo de la historia se fue construyendo una asociación de ideas entre religión y libertad.

268. No es de extrañar que el miedo a la guerra se asocie a la preocupación por la libertad. Dentro del género humano existe una pluralidad de culturas y civilizaciones, que pueden estar en paz entre sí, o en guerra. La libertad de cada una de ellas en relación con las demás es un gran factor de serenidad y paz. Es posible que, en el futuro, surja una síntesis cultural universal, pero, por el momento, se trata de un objetivo inalcanzable. Si queremos evitar la guerra cultural, las civilizaciones deben aceptar su yuxtaposición en el planeta; y, en la medida en que el transporte es infinitamente más fácil que en el pasado, las culturas deben aceptar también la imbricación mutua de sus miembros en sociedades pluralistas, *de hecho* o de *derecho*, al tiempo que se enfrentan a inevitables problemas de coherencia y cohesión.

269. Para entenderla bien, la relación entre religión y libertad debe contemplarse desde un ángulo muy elevado y distante, con un ojo siempre puesto en la guerra. Las grandes civilizaciones tradicionales se fundaron sobre culturas del Bien. La libertad no estaba excluida, pero no estaba en primer plano. Con el progreso, se creó un potencial para la libertad, que a menudo se interpretó como un peligro para la civilización del Bien. Esto condujo al desarrollo de corrientes culturales antihumanistas del bien-sin-libertad. Como reacción, surgieron corrientes humanistas de la libertad-sin-bien. Estas corrientes no eran menos moralistas. El Bien podía deducirse de la libertad, pero no iba realmente de la mano de la libertad, y la libertad

no iba realmente de la mano del Bien. En la práctica, la libertad que se convirtió en la piedra angular de la civilización moderna fue la preservación de la libertad de acción, es decir, el primer principio de la guerra. Así es como la cultura occidental moderna se convirtió en una cultura de guerra. Eso es lo cierto y lo correcto de los reproches que le hace el resto del mundo. Entonces, ¿adónde ir? A salir del mundo de la libertad-sin-bien, pero sin volver a una fórmula del bien-sin-libertad, que probablemente ya no pueda funcionar. Esto es lo que da a la *philia*, donde la libertad y el bien de la naturaleza y la razón armonizan, su lugar único como futura clave de bóveda de la civilización que podríamos llamar ultramoderna. Encontrar una libertad que no sea una libertad de guerra, y un bien que no justifique la guerra contra la libertad: esa es la libertad de paz que buscamos. Ahora bien, en lugar de tratar de deducir conclusiones de estos principios generales, lo más seguro es centrarse en las críticas dirigidas por el humanismo irreligioso a las religiones; en otras palabras, las críticas del bien-sin-libertad por la libertad-sin-bien, con vistas a determinar esa cultura de paz consistente en un nuevo humanismo religioso del bien-con-libertad y de la libertad-con-bien.

VI. Primera acusación: La creencia en el Absoluto no puede conciliarse con el mantenimiento de la Paz. Cómo, en una Nueva Cultura Humanista, la Paz presupone el Absoluto

270. Al formular esta acusación, la crítica cultural inaugurada en Occidente en forma de crítica religiosa, sólo

ha planteado una mitad del problema, mientras que nos encontramos ante una aparente antinomia (es decir, la oposición de una tesis y una antítesis que parecen igualmente fundadas).

271. He aquí la antinomia: sin el Absoluto, como sabemos, hay necesariamente Guerra, porque la relativización es imposible. Pero ¿quizás con el Absoluto también (e igual de necesariamente) haya guerra? En ese caso, la Historia sería irremediablemente trágica. De todos modos, estaríamos abocados a la guerra. Así pues, tenemos que ver precisamente cómo, con el Absoluto, puede ser guerra, y puede ser también otra cosa, y en qué condiciones.

272. Tener en cuenta la libertad personal en nuestra relación con el Absoluto es la condición decisiva para transformar la religión o la sabiduría en un factor de paz.

273. Con la creencia en el Absoluto, la Guerra es incuestionable. Desde el punto de vista religioso, la consecución del último fin, la salvación de las almas o la gloria de Dios (viene a ser lo mismo) es lo más importante. De hecho, en ello reside la finalidad absolutamente necesaria, que permite considerar como necesario lo que le es, por así decirlo, "necesario" (la existencia de la humanidad, la posibilidad de una vida espiritual, etc.). Por último, legitima todo lo que es un medio necesario para ella (§ 27-29). ¿Cómo la suprema importancia del fin que está en juego no va a llevarnos a recurrir a la fuerza, siempre que parezca un medio necesario e insustituible? ¿No es entonces una exigencia de la más alta responsabilidad espiritual? ¿Y cómo no podría parecer necesario acudir a un medio

eficaz para alcanzar un objetivo tan elevado, aunque a las mentes más sabias les pueda parecer un medio innecesario y una solución fácil con efectos catastróficos a largo plazo? Pero *al contrario*, como dijo Keynes, «a largo plazo, todos estamos muertos».

274. ¿Debe reconocerse esta dificultad como prácticamente insuperable? Sí, pero sólo si la religión no reconoce la necesidad de un cierto grado de libertad, en el sentido de responsabilidad personal, en la consecución de la salvación. Sin esta condición, una sociedad religiosa corre el riesgo de recurrir con demasiada frecuencia a la coacción para defender el establecimiento de la religión. Esta ley se aplica también a las religiones laicas, a las religiones del hombre, a las ideologías, pero dejemos eso a un lado.

275. ¿Qué ocurre si se reconoce la libertad humana como condición para la salvación? Supongamos que Dios no quiere esclavos. Como hipótesis, Él busca "almas abiertas" que le dejen entrar voluntariamente. No pretende meter a la fuerza el máximo número de reses en un corral. En esta hipótesis, la importancia suprema de la salvación pasa, al menos en parte, de ser un factor de guerra a ser un factor de paz. Porque si el interés más importante es la salvación, y si la salvación exige un cierto grado de adhesión responsable a la verdad saludable, se fomenta la libertad religiosa, que ya no es sospechosa de expresar indiferencia hacia la verdad, la salvación y la Divinidad. En consecuencia, la religión exige menos poder que libertad. Confía más en la persuasión que en la fuerza. Y tampoco quiere encontrarse sobrecargada de poder y dinero, dado que el hombre no es un espíritu puro.

276. Tener en cuenta la libertad personal en nuestra relación con el Absoluto es transformar la religión o la sabiduría en un factor de paz; pero no es una doctrina fácil. Desde un punto de vista teórico, necesitamos comprender (por ejemplo) cómo el hombre puede ser libre, aunque Dios sea omnisciente. Nos repetimos que el hombre debe ser libre; de lo contrario, ¿no tendríamos que admitir que Dios (a quien suponemos libre) sería entonces la primera, incluso la única, causa del mal? Es más, ¿por qué castigar por sus pecados a una marioneta que sólo puede hacer el mal, puesto que ese era su destino? Sabemos que este es un problema que ha ejercitado durante mucho tiempo la sagacidad de los teólogos y a veces ha angustiado a los creyentes ansiosos de salvación eterna. Tratarlo nos desviaría evidentemente del tema[10].

277. Desde un punto de vista práctico, los distintos cultos hablan de libertad en materia religiosa, pero a menudo actúan, o han actuado, de formas muy distintas. Tal vez,

---

[10] Este problema es evidentemente insoluble si, inconscientemente, partimos de un determinismo absoluto que equivale a poner el Destino por encima de todo, incluido Dios, y si situamos a Dios mismo en el tiempo. No es malo que nuestra razón a veces se quede corta ante una dificultad. Como decía san Agustín, que no era intelectualmente perezoso: «Si lo entiendes perfectamente, no es Dios». En cualquier caso, tiene que haber una solución, ya que la noción de un Dios personal no puede existir sin la noción de una conciencia moral, que a su vez sólo existe si hay responsabilidad y, por tanto, al menos cierto grado de libertad. En la gigantesca bibliografía sobre el tema destaca una publicación reciente: Philippe-Marie MARGELIDON, O.P., *De la prédestination à la réprobation. Un débat inachevé entre Jacques Maritain et Jean Hervé Nicolas* (Pierre Téqui éditeur, 2021), y dos de los cuatro volúmenes aparecidos hasta la fecha, de Basile VALUET, *Dieu joueur d'échecs ? Prédestination, grâce et libre-arbitre* (Ed. Sainte-Madeleine, 2023), de gran erudición y precisión especulativa.

en la práctica, era difícil que fuera de otro modo en circunstancias históricas tan diferentes. En cualquier caso, los humanistas irreligiosos no se andan con rodeos. Los fanáticos, dicen, sólo hablan de tolerancia cuando no son los más fuertes. Las religiones llevan mucho tiempo predicando contra la libertad de culto, persiguiendo a sus disidentes, no siempre, no en todas partes, pero sí a menudo. Cuando ya no pueden hacer otra cosa, se unen a la libertad. Los tradicionalistas católicos son excusables por pensar que su Magisterio está dando el gran salto[11]. La reconciliación entre estas enseñanzas sólo es posible aplicando la ley de Tocqueville (§ 284).

278. Que la libertad es necesaria en materia de religión es tan antiguo como el propio cristianismo. El islam también lo enseña[12], aunque no sin parecer que enseña lo contrario. Aunque el respeto a la libertad individual es un valor reconocido, también tienen su lugar el honor de Dios, el respeto a la verdad o la protección de los débiles, por ejemplo.

279. Una mente liberal siente espontáneamente simpatía por todos los perseguidos, e indignación ante la violencia

---

[11] A primera vista, es difícil conciliar (entre otras) la *Mirari Vos* de Gregorio XVI (1832), que califica de "delirio" la libertad de pensamiento, o el *Syllabus* de Pío IX (1864), con la declaración *Dignitatis Humanae* del Vaticano II sobre la libertad religiosa. Por tanto, o bien hay que relativizar ambos, viendo en ellos menos doctrina esencial que política contingente (hay algo de verdad en esto), o bien hay que creer que el Magisterio se había extraviado alguna vez, o se había extraviado recientemente, o bien hay que intentar reconciliarlos. Creo que esto es absolutamente imposible sin introducir el concepto de *philia* y la noción de centros de equidad entre valores que se apoyan mutuamente pero que están en tensión.

[12] *El Corán*, sura 2, versículo 256.

persecutoria. Estos sentimientos a menudo ocultan el hecho de que la auténtica libertad intelectual y espiritual presupone la atención a la verdad objetiva, y el deber de buscarla, sin lo cual la libertad no es más que ese libertinaje arbitrario que da lugar al estado de naturaleza y, en adelante, al Leviatán absoluto. Es evidente, pues, que el respeto de la verdad y la libertad de conciencia deben limitarse y equilibrarse mutuamente. De ahí la necesidad de recibir lecciones menos contradictorias que complementarias, y la búsqueda pragmática de "centros de equidad", como los llamaremos.

280. En épocas pasadas, en el seno de las religiones, las reservas suscitadas por este libertinaje lograban a menudo expresarse con más fuerza que el respeto a la conciencia. Estas diferencias de jerarquización, en el seno de los distintos cultos, se explican no por traiciones a la enseñanza original, sino por la diferencia de épocas, que obliga a arbitrar de manera diferente entre valores polarizados pero unidos. Criticar con demasiada dureza a nuestros antepasados nos expone, pues, al anacronismo. Tal vez el progreso, que ha mejorado la situación de la libertad, no habría sido posible sin un alto grado de rigor y disciplina colectivos.

281. Si una religión preocupada por dar a la libertad el lugar que le corresponde define la libertad en términos de "duda" moderna y "libertad ante todo", corre el riesgo de desnaturalizarse a sí misma. Este es, en general, el engaño común del progresismo religioso, en todo el espectro de confesiones y credos. Aunque permanezca en el mismo entorno y tal vez conserve los mismos hábitos religiosos o éticos, el creyente modernista empieza a practicar en

147

realidad esta o aquella variante de la única religión moderna del Hombre como Dios, o Superhombre, y la Libertad. El asco a la modernidad también le conduce lógicamente a la posmodernidad, a la relajación de la moral, a la cultura de la impotencia y al Leviatán. Durante un tiempo, esta mezcla permite al creyente pensar que ha conservado su religión o su sabiduría, adaptándola inteligentemente a un mundo cambiado, hasta que de las dos religiones que cohabitan en su interior, la antigua está completamente reblandecida, y la moderna es tan asertiva que al final sólo queda una. Así es como le gusta al Leviatán.

282. La verdad tiene una dimensión "dialéctica", es decir, tiene en cuenta ciertos opuestos que pueden constituirla. Es el caso del respeto a la libertad, que sin la razón no es más que arbitrariedad, y del respeto a la verdad, que sin la razón no es más que pez fuera del agua. Son valores universales interdependientes, pero opuestos. Si uno tiende al infinito, el otro tiende al cero, y viceversa. Por eso una religión o una sabiduría pueden suicidarse de dos maneras: haciendo de la verdad el pretexto para establecer un orden social opresivo, o admitiendo el respeto infinito a una libertad desconectada de la verdad y del bien. Verdad, orden y libertad deben vivir, o morir, juntos.

283. La justicia comprende polos opuestos e interdependientes, entre los cuales hay que instalar, en diversas circunstancias, centros de equidad[13]. Estos pueden estar muy alejados entre sí, dependiendo de la época histórica.

---

[13] Thomas HUDE (2021).

284. La ley de Tocqueville se aplica igualmente a los órdenes cultural y económico. Si la igualdad cultural tiende al infinito, la libertad de apreciación tiende a cero y, para reprimirla infinitamente, la autoridad debe tender al infinito. Es una forma de fanatismo. En realidad, por supuesto, algunos pensamientos son más verdaderos que otros, algunos valores son falsos, algunas obras de arte son excelentes y otras más ordinarias, y hay un número indefinidamente proliferante de fábulas y tonterías. El respeto justo a las personas nunca ha implicado el respeto a las idioteces, los vicios y las monstruosidades. Así que, si queremos igualarlo todo, necesitamos establecer un poder espiritual tan perverso como nivelador, cuya presión debe tender al infinito, ya que la igualación implica un mayor reconocimiento de lo absurdo o lo monstruoso. Y como esta igualación favorece la instauración de la cultura de la impotencia, o incluso forma parte de ella, el Leviatán no dejará de apoyar, y luego incorporar a sí mismo, un poder espiritual que imponga la censura de toda sabiduría, ciencia o creencia no nihilista, so pena de muerte social. Puesto que una religión o una sabiduría digna de este nombre se opone siempre a esta empresa embrutecedora, es evidentemente el paladio de las libertades.

285. Sin comprender estos hechos y esta dialéctica, emitimos juicios unilaterales, descontextualizados e injustos sobre el pasado. Por relativismo, carecemos de sentido de la relatividad. La libertad política no sólo requiere cultura, sino también medios: por ejemplo, un cierto grado de prosperidad y desarrollo técnico. Aunque el progreso técnico conlleva nuevos problemas y desilusiones, sobre todo cuando el Leviatán abusa de él, es evidente que puede conducir a una mayor libertad. Los medios de

comunicación y de transporte, en particular, son los que hacen técnicamente viables los regímenes de libertad política o (menos necesariamente) de coexistencia cultural, sobre todo en los grandes Estados. Nuestros antepasados, que no disponían de estas herramientas, aceptaron regímenes más autoritarios (pero casi nunca totalitarios) sin sentirse, ni ser, menos libres o más tiranos que nosotros. Simplemente utilizaron el sentido común y la equidad en las circunstancias de sus vidas. Evitemos, pues, la culpabilización colectiva. La psicopatía antinormativa no es un buen criterio de juicio. Surge del Aqueronte interior de un inconsciente enfermizo y se expresa en una continua histeria sadomasoquista. El Leviatán puede utilizarla para empujar a la gente a la culpa colectiva y al desprecio de sus tradiciones. Esto forma parte de su guerra constitutiva contra la libertad (§69).

VII. Segunda acusación: La Religión no puede conciliarse con la Libertad de la Mente. Cómo, en una nueva cultura, la libertad de espíritu puede conciliarse con la búsqueda de lo absoluto

286. Esta es la acusación más severa. Es mucho más que una cuestión de libertades individuales o de libertades públicas. Aunque no hubiera nada que decir al respecto, la religión seguiría siendo, a los ojos de los humanistas irreligiosos, una cultura de guerra, porque la ven como una cultura de autoridad que se impone "dogmáticamente" al intelecto. Tal relación es una relación de violencia. En su opinión, todo el sistema religioso se constituye así como

una cultura de guerra, basada en la violencia inicial que oprime a la razón, que es lo que hace único al hombre.

287. Esta crítica es fuerte contra toda religión en la que la razón no esté suficientemente reconocida y cultivada, en la teoría y en la práctica, es decir, contra toda religión que sea ante todo fideísta, intuitiva, sentimental o afectiva. Es más bien débil contra toda religión, sabiduría o tradición que admita la razón, en las formas de reflexión filosófica e histórica, de conocimiento científico, de elucidación teológica, y valorice los esfuerzos de fundamentación racional, de crítica religiosa y de apologética.

288. Es cierto que, si la creencia está en continuidad con la razón, el creyente puede temer que ya no haya lugar para la fe en una creencia que se ha vuelto racionalista; y, por su parte, el filósofo puro teme que una afirmación religiosa racionalmente tan segura (lo que le resulta demasiado imprudente) pueda oprimir la libertad en nombre de una supuesta legitimidad de lo que sería racionalmente cierto. Ambos se justifican, si hablan de la razón, que se define por la "duda".

289. Claramente, el problema es insoluble cuando la razón se define a sí misma de esta manera "moderna", a través de la "duda" y como una extensión de la libertad-primera. Porque si esta razón está en consonancia con esta libertad, que forma parte de la cultura de la guerra, es una "razón para la guerra". Una cultura de paz quiere una "razón para la paz". Pero, ¿cuál es esa razón? ¿De qué razón estamos hablando, si la moderna está obsoleta y marginada? ¿Cuál es el método de una "razón para la paz"?

290. La razón pregunta y, racionalmente, nunca hay respuesta para quien no tiene pregunta. Pero cuestionar es preguntar sucesivamente: "¿Es esto verdad? ¿Es realmente cierto? ¿Es absolutamente cierto?". La verdad absoluta es, pues, inseparable de la idea misma de interrogación profunda, de razón y de juicio radicalmente crítico. Y a la inversa, la razón no es nada sin su relación esencial con la verdad, que tiene la tarea de certificar; mientras que la propia verdad certificada no es nada sin la relación de la razón con su exigencia de Verdad absoluta. Si todo esto se entiende correctamente, las exigencias del espíritu científico sintonizan perfectamente con el impulso que lleva al hombre hacia el Absoluto. De este modo, la religión ya no es necesariamente violenta, puesto que se une armoniosamente a una sabiduría filosófica capaz de este tipo de cuestionamiento (lo que dista mucho de ser siempre el caso, incluso en el seno de las élites religiosas).

291. Es comprensible que el creyente "fideísta" tema la "razón de la guerra", que está en contradicción con toda fe. Pero se equivoca al no buscar la "razón de la paz", que está en continuidad y armonía con la búsqueda del Absoluto. En una cultura de paz, existe una "razón de la paz", el poder de buscar la verdad a través del cuestionamiento, sin el cual no habría libertad.

292. Los grandes Modernos, al tiempo que criticaban la incapacidad de cuestionar (a la que llamaban "dogmatismo"), preservaban cuidadosamente el "proceso dogmático de la razón" y, por tanto, el significado y el valor de la verdad[14]. Por el contrario, en la era posmoderna, la cultura

---

[14] La crítica de Kant no se opone «al procedimiento dogmático de la razón en su cognición pura como ciencia». Al contrario, según Kant,

de la impotencia destruye el significado de la verdad objetiva y la razón misma, y con ello la raíz primaria de la libertad humana y toda fuerza moral razonable. Lo hace por miedo a la "razón de la guerra", que comparte con la "fideísta", pero por otras razones. Este miedo a la razón está en el corazón del antihumanismo posmoderno. No existe la verdad absoluta, que es una verdad absoluta[15]. De este absurdo se puede deducir cualquier cosa.

293. Al mismo tiempo que hace vivir a sus súbditos en un delirio de ficciones subjetivas, el Leviatán conserva el monopolio de la racionalidad, reducida al ámbito material y al poder; una razón enteramente estratégica e instrumental. Esta "doble verdad" garantiza tanto su poder como su impotencia. Como vio perfectamente Orwell, la libertad comienza con una razón capaz de verdad.

294. Es la "razón de la paz" la que nos saca de una infernalidad en la que la "razón de la guerra" roza la sinrazón del caos.

---

la razón «debe ser siempre dogmática, es decir, debe probar sus conclusiones estrictamente a partir de principios a priori». "El dogmatismo" no es más que un abuso de este procedimiento dogmático, un abuso que no consiste en la búsqueda rigurosa de la verdad demostrable (que es la razón misma), sino en un exceso de confianza, y en una incapacidad de esta razón para criticar "su propio poder". "Prefacio a la segunda edición" (1787) de Immanuel KANT, *Crítica de la razón pura*, AK III, 21-22.

[15] «Du choix inconscient ou des pseudo-scepticismes», capítulo 1, en Henri HUDE, *Prolégomènes* (Éditions Universitaires, 1991), pp. 11-33.

VIII. Tercera acusación: La religión no puede conciliarse con la laicidad

295. La autoridad civil establece la ley civil, la hace cumplir, aclara su significado y castiga las infracciones. La autoridad religiosa, en cambio, establece la ley divina. La relación entre el poder civil y la autoridad espiritual viene determinada, por tanto, por la relación entre la ley civil y la ley divina. Es fácil comprender que estas dos leyes deben ser coherentes, pues de lo contrario el individuo estaría dividido entre su lealtad al poder político y su lealtad a la autoridad cultural. Pero estas dos leyes, aun siendo coherentes, pueden ser más o menos distintas, hasta el punto de reducirse a la unidad, ya sea mediante la autoridad que absorbe al poder (teocracia), ya sea mediante el poder que absorbe a la autoridad (cesaropapismo). En la medida en que sean suficientemente distintos, es evidente que cabe un poder civil distinto de la autoridad espiritual. Pero, ¿qué significa "suficientemente distinto"? Este es el quid de la cuestión.

296. Supongamos que la única Ley es la ley Divina, y que no hay ni ley de la razón ni ley de la naturaleza (esto puede realizarse de modo monoteísta, o de modo no monoteísta, donde el Absoluto no es otro que la Ley misma). La ley civil ya no puede tener ningún fundamento o autoridad a menos que sea un artículo de la ley Divina, o un derivado inmediato de ella. Esta Ley de Dios, o del Absoluto, es en sí misma, por hipótesis, toda ley, y parecería que debe aplicarse a todos (si el Absoluto es único, como cree la mayoría). Es entonces cuando deberíamos avanzar hacia la identificación completa entre la sociedad religiosa y la sociedad política universal, la reducción de la segunda

a la primera, bajo un poder-autoridad teocrático único, que probablemente será despótico; como mínimo, asfixiante. Incluso en una era tecnocrática, esta lógica estaría en funcionamiento, pero con mayor poder para realizarse.

297. ¿Qué puede limitar este proceso teocrático? La admisión de una ley que emane de una fuente distinta del Absoluto. Sólo hay dos fuentes posibles: la razón y la naturaleza. Así pues, la posibilidad de distinguir entre poder y autoridad depende de la admisión de dos principios de orden filosófico, la naturaleza y la razón, concebidos de tal manera que tiene sentido, por supuesto, verlos como instancias normativas.

298. Que la naturaleza pueda ser normativa es ciertamente difícil de comprender y aceptar para los occidentales posmodernos, y también para las personas que entran en un régimen hipertécnico. Todos ellos tienen la impresión de que la tecnología lo puede todo, y que ya no hay naturaleza. Por supuesto, se trata de una ilusión ruinosa, que tiene mucho que ver con la crisis ecológica. El hecho de que el Occidente posmoderno haya perdido por completo cualquier concepto preciso de naturaleza no elimina la naturaleza ni sus leyes.

299. No es difícil, sin embargo, formar un concepto preciso de naturaleza, reuniendo las tres grandes doctrinas producidas sobre el tema. Llamamos *naturaleza* (1) a lo que existe bajo leyes, llamándose estas leyes naturales (sentido kantiano de la palabra); (2) al dinamismo y poder interior de cada ser, que lo lleva a la ejecución más o menos automática o voluntaria de estas leyes (sentido aristotélico actualizado) ; (3) a la esencia de una familia de seres que

comparten, por así decirlo, una constitución que forma la base de todas sus leyes; una herencia de identidad estable; la identidad compartida hace que la esencia sea universal; la esencia tiene la misma estabilidad que las leyes (sentido platónico actualizado).

300. Una vez formado este concepto preciso, ya no hay obstáculo para el reconocimiento de una naturaleza humana, ni de una ley de esta naturaleza, ni de una ley constitucional de esta naturaleza, en la que el poder ejecutivo es una voluntad responsable. Si la ley natural no pudiera ser también una ley moral, esto significaría que la naturaleza no sería obra de un Espíritu; y a la inversa, si la naturaleza es obra de un Espíritu, como lo atestigua el orden del mundo, entonces las leyes que constituyen esta Naturaleza, de la que formamos parte los seres morales, pueden incidir en la vida de nuestras propias mentes y también en las decisiones de nuestras conciencias.

301. El desarrollo científico confiere a la noción de Derecho una relevancia universal que antes no tenía, y por eso el diálogo del Derecho con las religiones es susceptible de renovar toda la lógica y desarrollar el potencial humanista de cualquier religión que reconozca la razón −y, por tanto, la libertad enraizada en la facultad de conocer con certeza las rectas reglas de la vida−. Una razón orientada a definir constituciones y estudiar las leyes de la naturaleza, con referencia a su Legislador y Creador, es una "razón de paz". No puede hacer nada para destruir una religión.

302. Puesto que el respeto de "la libertad ante todo" equivale al respeto de la cultura bélica (§ 173), la ley natural, cuya aplicación garantiza la paz, no puede reducirse al

respeto del deseo de cada individuo de "preservar su libertad de acción", que es el primer principio de la guerra. Por tanto, la ley debe respetar algo distinto de la libertad, y ese algo distinto sólo puede ser Dios, la Naturaleza o la Razón. Ahora bien,

- si sólo existe Dios, sin naturaleza ni razón, la moral parece despótica;
- si sólo existe la razón sin la naturaleza, o incluso Dios y la razón sin la naturaleza, la moral parece árida y neurótica;
- si sólo existe la razón sin naturaleza ni Dios, la Razón se diviniza, y es probable que la neurosis se agrave.

Así pues, necesitamos las tres cosas: la naturaleza, la razón y el Absoluto, pero concebidas en referencia a la *philia*, pues de lo contrario no saldremos de la cultura de la guerra.

303. Si las religiones y las sabidurías reconocen conjuntamente una ley natural, junto a la ley Absoluta/Divina, es probable que arraigue una moral común en las distintas sabidurías o religiones. La regla de oro, la amistad (*philia*), el conjunto de virtudes primarias y reglas básicas que la acompañan son los elementos más evidentes de esta ley natural. El derecho natural también garantiza que el eventual reconocimiento de una ley divina en la sociedad no implique una reducción exagerada de la libertad mediante el establecimiento de un sistema teocrático. Por último, la ley natural garantiza que el establecimiento de la libertad (libertad-con-el-bien) no tenga el sabor de la impiedad. En una palabra: gracias a la noción de derecho natural hay lugar para una cultura religiosa humanista, donde el poder civil no teocrático sigue siendo distinto de la autoridad

157

espiritual, y viceversa, y donde la pertenencia a la sociedad (ciudadanía) no está condicionada por la creencia. Por eso, en cuanto se reconoce el derecho natural –y sus reglas de paz y de obediencia al poder encargado de hacerlas cumplir–, se relajan y desdramatizan los problemas de convivencia cultural y religiosa.

304. Sin embargo, este panorama no estaría completo si no añadiéramos un matiz a todo lo que pudiera ser demasiado optimista:

–El derecho, sin fuerza, no es más que una palabra. Un derecho que se aplica efectivamente es, por definición, el derecho del más fuerte. Esto nunca ha implicado que ser el más fuerte baste para ser el más justo, aunque, por supuesto, esto es siempre lo que pretende el más fuerte. La función esencial del poder es sacar a los pueblos de un estado de guerra, o impedir que caigan en él, imponiendo la obediencia a la ley natural de la paz. La imposición de la ley de la paz, sin la cual habría caos o guerra, requiere que el poder emprenda, con tanto tacto como firmeza, una guerra por la paz contra la libertad arbitraria, y contra la extravagante pretensión de reducir la justicia al respeto de los deseos de la libertad arbitraria, como si no existiera la naturaleza humana, o como si las naturalezas no tuvieran ley. Sin esta "guerra constituyente", al menos policial y judicial, caeríamos en el caos. Esta "guerra" es justa, y el poder humano (a veces más liberal, a veces más autoritario, incluso despótico, pero no totalitario) es legítimo, en la medida en que hace respetar la ley natural. La gente lo acepta, más o menos de buen grado.

–Si esta ley natural se remite a la Primera Causa de la Naturaleza, entonces el poder civil, sin dejar de ser en sí mismo natural (también podríamos decir secular, o laico), también se convierte lógicamente en un ministro, no sagrado, sino funcional, del Absoluto, o de Dios como Legislador soberano. Dios, por necesidad, será a menudo imaginado como un Super-Leviatán hobbesiano.

–Una religión que quiera formar parte de una cultura funcional se presentará necesariamente en dos aspectos complementarios pero jerarquizados: (1) una cultura de paz, en la medida en que relativiza y desdramatiza, enseña la ley natural de la paz, reconoce y legitima el poder que la impone; (2) una cultura de guerra –pero de guerra justa–, esta guerra constitutiva inherente a toda cultura de paz; siendo el Hombre lo que es. Esta guerra perfectamente razonable, emprendida por todas las fuerzas policiales del mundo contra el hampa, no es, sin embargo, una "guerra santa", sino que adopta necesariamente un cierto carácter de deferencia religiosa en relación con Dios, o el Absoluto. En la medida en que toda guerra exterior es de hecho el ejercicio de un cierto poder constituyente internacional, es imposible eliminar toda dimensión metafísica de la idea de guerra. Lo patológico ("fanatismo") es aquí una cuestión de grado, no de naturaleza.

305. En una religión de la Ley, se cree que la unión con Dios, o la justificación y la salvación, se obtienen esencialmente por la obediencia a su Ley, o simplemente por la observancia de la Ley, si es la Ley misma la que se concibe como Absoluto. Pero a pesar de este carácter eminentemente religioso de la Ley, la noción de Ley es también, sencillamente, filosófica. Surge a) de la conciencia de la legalidad intencionada y orientada que existe en toda la naturaleza, de la que el hombre forma parte, b) de nuestro poder de decidir voluntariamente razonando según reglas, y c) del poder de nuestra razón para conocer

leyes y naturalezas. Así, la Ley divinamente revelada puede entenderse (al menos en parte) como un simple recordatorio saludable de verdades olvidadas relativas a la ley natural del hombre. Puede ser objeto de fe, pero es también en sí misma una cuestión de simple razón. Son las leyes fundamentales que rigen la naturaleza humana, como las hay para toda la naturaleza, y lo que llamamos libertad es el poder ejecutivo voluntario e inteligente de esta ley fundamental.

306. Sin duda, la diversidad de costumbres, juicios de valor y todos los hechos bien conocidos de la relatividad cultural pueden hacernos dudar de la existencia de la ley natural, de su estabilidad o universalidad, o de nuestra capacidad para conocerla, o de nuestra voluntad de reconocerla. Pero Hobbes (aunque su intención sea puramente política) nos ayuda a comprender por qué existe y nunca puede borrarse por completo de nuestra conciencia. En efecto, un cierto grado de inmoralidad general equivale a una desconfianza generalizada, a un caos social inmanejable e insoportable, a lo que Hobbes llama el "estado de naturaleza", que también puede compararse con un deslizamiento hacia un estado de guerra de todos contra todos. Así pues, la ley natural es evidentemente la ley de la paz. Pero las causas de la guerra son objetivas: todo el mundo sabe cómo comportarse con otra persona para entrar en conflicto con ella. Así pues, la moral elemental, como prohibición de estas causas de guerra, es igualmente objetiva.

307. Sin un concepto sólido de la naturaleza y de la ley natural, no hay distinción posible entre el poder civil y la autoridad espiritual. Nada impide que las religiones que no han desarrollado estas nociones, pero que no tienen

nada contra ellas, las adquieran, lo que las saca automáticamente de una lógica de guerra cultural.

308. Retrospectivamente, comprendemos hasta qué punto el racionalismo occidental moderno y neoclásico había fundado, en contra de su intención original, una especie de teocracia sin laicidad. Para la sabiduría occidental moderna, la verdad era enteramente un sistema de leyes, en el que nada provenía de la revelación, sino que todo estaba divinizado por la Razón, concebida como Sujeto absoluto o Sustancia única de todas las cosas. No había ninguna autoridad determinante fuera de ella. Y todo esto se suponía reconocido por una especie de intuición autorreveladora de Dios-Hombre a Dios-Hombre. Si todo fuera divino, nuestra razón se convertiría en entendimiento divino, la ciencia sería autorrevelación divina, y la Naturaleza misma existiría sólo como un sistema de fenómenos internos a la Razón. ¿Hasta qué punto debemos reprochar esto a la modernidad? Al fin y al cabo, nunca se sale de la religión. Tampoco es posible definir un Poder que incluya un cero por ciento de teocracia, ya que al final siempre es el Absoluto, aunque se llame Razón, el que funda todo y legitima todo lo que debe ser.

309. El principio postmoderno es que no debe haber radicalmente ninguna ley fuera de los acuerdos contractuales entre individuos, rechazando cualquier tipo de ley fundada en la naturaleza, o en la razón trascendental, o en Dios. Estamos entonces en una religión del Hombre como Superhombre, y en una moral de la libertad contra el bien, que son la religion y la moral de los amos del Leviatán. Con esta religión, que es un politeísmo de dioses-superhombres, y con esta moral, tendremos la Guerra y

la Muerte, y antes de eso, la teocracia absoluta. Los que toman las decisiones deben pensar en esto.

IX. CUANDO LA RELIGIÓN ES AUTÉNTICA
Y HUMANISTA, ES UN FACTOR DE PAZ

310. No cabe duda de que la religión comienza en el misticismo. De hecho, es el único modo en que perdura. He aquí la unanimidad de las almas místicas y el punto de partida de su enseñanza espiritual: «Hay un vacío en nuestro corazón que todas las criaturas unidas serían incapaces de llenar. Sólo Dios puede llenarlo, pues Él es nuestro principio y nuestro fin. La posesión de Dios llena este vacío y nos hace felices»[16]. Por eso la religión, si es verdaderamente religiosa, ayuda a relativizar las cuestiones temporales, y debería así reducir las tensiones[17].

311. Se dirá que los místicos son santos y que los santos son excepciones. Ciertamente, pero son la esencia de la religión, del mismo modo que Miguel Ángel, Rubens y algunos cientos (¿o miles?) más, raros a fin de cuentas, son la realidad y la verdad del arte. La religión y el arte (pero también la ciencia) son esencias cuya definición no se encuentra en la mediana de los hechos, en el centro de una campana de Gauss, sino en la cola, teniendo que participar un gran número de personas en estas aproximaciones a la perfección.

---

[16] Louis LALLEMANT, *Doctrine spirituelle*, 1.
[17] Aunque, si se instrumentaliza, también puede servir de pretexto para exacerbarlos.

312. La mística trata también de la vida celestial en el más allá. He aquí una fuente de esperanza que facilita relativizar las ambiciones temporales y rebajar las tensiones. Tal vez mañana la Tierra esté tan asolada por la guerra que no quede un solo ser humano vivo en su superficie. Si recordamos que el cosmos tampoco es eterno, que empezó y acabará, nos decimos que lo que cuenta es la eternidad divina. No tememos lo que mata el cuerpo. Nos preocupa la salvación, el destino del alma. Estos pensamientos, en la medida en que las almas estén convencidas de ellos, conducirán a la paciencia y a la relajación. A la inversa, puede decirse con cierta justificación que también pueden incitar a la lucha a muerte, si creemos que un Enemigo impío quiere destruir este mismo Esencial; pero este vigor combativo no debe hacernos olvidar que el sufrimiento aceptado puede ser el medio paradójico de la victoria sobre el Mal, como vivió y enseñó Jesús de Nazaret.

313. Se pueden encontrar místicos en todas las religiones, incluidas las religiones de la Ley. Además, la observancia de la Ley puede experimentarse como una práctica unitiva de la voluntad a la Voluntad. Busca alinear la existencia, el cuerpo y las relaciones sociales con la Ley eterna. Así, el Amor a la Ley puede entenderse como un aspecto de la Ley del Amor.

314. No todas las religiones privilegian el amor, como hace el cristianismo, pero las religiones de la Ley, cuyos valores fundamentales tienden a ser la justicia y la obediencia, probablemente sólo podrán sobrevivir desplegando su potencial de amor y amistad, para lo que puede servir el diálogo o la ósmosis con los cristianos. La verdad es que la noción de derecho es ineliminable de cualquier

sabiduría o religión, aunque no esté en primer plano o en primera fila. Por eso las consideraciones precedentes (8) sobre el derecho y la paz conciernen a todas ellas.

315. Sin embargo, una Ley sin un pueblo no tiene sentido; y para que se viva una religión de la Ley, debe haber un pueblo que viva comunitariamente bajo esa Ley. El reconocimiento de la libertad en materia religiosa no es, pues, evidente, en la medida en que las nociones de religión, Derecho y pueblo son inseparables. Las religiones en las que el Derecho desempeña un papel más importante están abocadas a ser más políticas y más fuertemente comunitarias que las religiones de fe. Su relación con la teocracia y la guerra santa también sigue siendo más estrecha. Pero la expresión de este potencial quedaría inhibida en la medida en que la obediencia se experimentaría cada vez más también como una forma de amor unitivo con la Divinidad. Además, la libertad humana es un poder de autodeterminación racional, que presupone la posibilidad de tomar decisiones razonables sobre la base de principios prácticos. Por eso no puede haber libertad razonable, ni razón, sin ley.

316. En la religión cristiana, el estatus de la Ley se ve disminuido en favor de la fe[18]. Esto es tan cierto para los ortodoxos y protestantes como para los católicos. El amor a Dios y al prójimo es el resumen de la Ley. Esto no tiene nada de político y, desde luego, no conduce a la guerra. Por supuesto, sigue habiendo una Ley, pero tan poco jurídica, o más bien tan poco legalista, que ya no

---

[18] En la Biblia, este es el tema principal de la epístola de san Pablo a los Romanos.

164

podemos hablar realmente de una religión de la Ley. La Ley es Amistad sobrenatural, cuyo comienzo es la fe en el Amigo humano y divino, Jesús de Nazaret, Salvador, viviente para siempre, que es la Ley viva. En la fe, amar al Dios-Hombre y amar como Él ama, es cumplir toda justicia y toda Ley. Es más, es cierto que este Amigo divino, Jesús de Nazaret, se negó a ser rey de los judíos, a ir a la guerra contra los ocupantes romanos y a erigirse en rival del emperador; no porque estuviera mal ser rey, o emperador (romano, o persa, o chino), sino porque el imperio universal del Mesías Hijo de Dios es de orden sobrenatural, trasciende el ámbito político y le permite existir en su propia esfera, con su propia dignidad y legitimidad, como las demás realidades naturales. No es menos cierto que, para Jesús, la batalla decisiva contra el mal y la guerra no se libra mediante la guerra, declarada santa o justa, ni mediante la acción política, revolucionaria o no, sino mediante su redención sacrificial, que es la manifestación suprema de su amistad divina. La fe consiste en creer que, sufriendo, muriendo y resucitando, Él ha dado la salvación y la victoria al Amor.

317. Lo anterior (§316) es sobrenatural y deja intacto, tanto realzado como relativizado, todo el ámbito de la política, y también de la guerra, en cuanto pertenece a la naturaleza. La ley natural de la paz, de la que habla Hobbes, no es tan diferente de la ley del monte Sinaí, cuyos mandamientos esenciales defiende Cristo. Pero esta ley natural no prohíbe la legítima defensa de uno mismo o de los demás, individual o colectivamente. Por lo tanto, tampoco prohíbe la legítima defensa de una sociedad cristiana, cuando existe tal sociedad. Y en ese caso, ¿no se plantea una y otra vez el mismo problema? Este es el

problema que finalmente tendremos que resolver (11), tras unas últimas consideraciones preparatorias (10).

X. UNA RELIGIÓN HUMANISTA AUTÉNTICA DEBE ENCONTRAR UN EQUILIBRIO ENTRE LA NOSTALGIA CONSERVADORA Y LAS ILUSIONES LIBERALES

318. Una religión, en una época de gran desarrollo de la ciencia y la tecnología, sólo puede ser funcional si logra difundir una atmósfera de libertad. Esto no es fácil, porque en tiempos de modernidad, la religión se ve tentada a vivir con miedo a la "libertad-sin-bien", o a desnaturalizarse uniéndose a la "libertad-primero". Si cede a estas tentaciones, o se marchita o se pudre. Si se pudre, se hunde en la insignificancia. Si se acobarda y endurece, la iniciativa de la vida libre se le escapa. Debe caminar por la cuerda floja.

319. A menudo, la cultura moral tradicional era, o sigue siendo, una cultura de moralismo autoritario sin reflexión ni libertad, aunque, en general, haya más confianza y orden, y por tanto más libertad real, en una sociedad mejor moralizada. Aprendemos estas verdades sobre los valores en la infancia. Pero a medida que crecemos, quienes nos rodean suelen descuidar el cultivo de esa dimensión de nuestra razón que nos permite no "dudar" de todo y lanzarnos al vacío, sino cuestionar esas verdades, meditarlas, demostrarlas. Esta falta de educación es una de las causas de la oscilación entre una cultura del bien-sin-libertad y una cultura de la libertad-sin-el-bien, o incluso contra-el-bien. Hay que poner la *philia* en el centro de

nuestro planteamiento, para que el contenido tradicional de la moral sea perfectamente compatible con la reflexión, la razón y la libertad.

320. Algunos humanistas irreligiosos temen que el Absoluto haga algo más que relativizar nuestros intereses terrenales: que haga que nuestra existencia aquí en la Tierra carezca de sentido y transforme la vida en una morbosa meditación sobre la muerte. Sin embargo, nuestra vida en la Tierra debe ser importante, si queremos que nos conduzca a la vida eterna. Y como es obvio que no toda persona verdaderamente religiosa tiene vocación de ermitaño o monje, las actividades ordinarias de la existencia secular y la felicidad que puede encontrarse en ellas no deben ser meros obstáculos para la salvación, sino más bien una oportunidad para trabajar hacia ella. Una religión funcional y humanista, sin coartar la libertad del Espíritu ni despreciar los propios caminos sobrenaturales, valora la vocación humana ordinaria como lugar de santificación para todos. Y así, aquí estamos. Pongámonos manos a la obra.

XI. En términos concretos, ¿cómo podemos establecer "la paz de la fe"?

321. Nicolás de Cusa escribió una obra titulada *De pace fidei* (*Sobre la paz de la fe*) en 1453[19], en plena guerra entre Europa y los turcos, con la idea de "dialogar en lugar de guerrear". Puede que no fuera lo mejor en su época (Dios lo sabe), pero podría resultar extremadamente

---

[19] Nicolás DE CUSA, *La paix de la foi – suivi de Lettre à Jean de Ségovie*, Pierre Téqui, 2008.

útil varios siglos después. Para tomar sus decisiones, los responsables deberían mirar lejos en el futuro, evaluar su situación con precisión, reflexionar sobre las estrategias antirreligiosas y antisabiduría del Leviatán y sacar las conclusiones necesarias.

322. El Leviatán es una singularidad sin precedentes en la historia. No hay que confundirlo con los antiguos Leviatanes teorizados por Hobbes, ni con esos poderes temporales autoritarios de los que siempre ha habido ejemplos. Tienden a vigilarlo todo en sus casas, a dirigirlo y controlarlo todo, incluida su vida espiritual, actuando por simple pasión de poder, y también porque no saben hacerlo mejor. Pero su pasión por el poder les lleva también a mantener y aumentar el poder del cuerpo del que son cabeza. Incluso en su egoísmo, pueden llegar a sentirse parte de un todo que les incluye y les supera. Por eso, aunque tiranicen, no es para destruir material o espiritualmente a su pueblo, ni para reducirlo a la impotencia total. Pueden incluso alegar que lo hacen por patriotismo, para protegerse de la subversión exterior o incluso para proteger la libertad y el poder de su nación (por supuesto, a ningún poder le han faltado nunca discursos justificativos; Dios sabe qué hacer con ellos). El Leviatán absoluto es muy diferente. Quiere suprimir la pluralidad y el poder de las voluntades distintas de la suya. Para preservar la vida del hombre como ser vivo, quiere la muerte espiritual del hombre como hombre. Este hecho singular debería ser meditado tanto por los responsables políticos de cada Estado como por las autoridades responsables de las sabidurías y religiones, porque muestra cómo la paz cultural es posible sin Leviatán, pero también, paradójicamente, gracias al Leviatán.

323. Las sabidurías y las religiones deben ser conscientes de que todas y cada una de ellas son los peores enemigos de este poder mundial único y total que reclama el miedo universal a la muerte universal. Deben resistir a la ilusión de universalidad pacífica producida por la apariencia superficial del Leviatán. Puede que quieran vivir en paz con Leviatán, pero sólo hace falta uno para querer estar en guerra, haciendo imposible que todos estén en paz. Lo que todas las religiones y sabidurías tienen en común es que dan al hombre, de un modo u otro, una gran fuerza interior, una regla, un deseo, una seguridad, una esperanza, un sentido, una paz íntima. El Leviatán universal no puede, por tanto, tolerar la sabiduría y la religión, porque son lo contrario de una cultura de la impotencia: dan al hombre una fuerza moral insuperable. El Leviatán ni siquiera puede soportar la mente científica independiente y honesta, escrupulosamente respetuosa de la verdad objetiva.

324. Las religiones y las sabidurías se organizan socialmente en una gran variedad de instituciones, pero todas ellas son muy poderosas y, por lo general, incluso más duraderas que los regímenes políticos. Por tanto, el Leviatán absoluto no ve ninguna posibilidad de éxito para sí mismo fuera de la imposición de una cultura de la impotencia, lo que equivale a la eliminación de las religiones y las sabidurías, a menos que se dejaran reestructurar en meras variaciones sobre los temas de la cultura de la impotencia, con su relativismo banal. En otras palabras, estas religiones y sabidurías son, junto con las familias naturales, los guardianes de la idea de naturaleza y de ley natural: la principal garantía del hombre frente al Leviatán. Por eso este Poder Total, que se considera indispensable para el mantenimiento de la Paz, y por tanto para

la supervivencia del género humano, y que sólo puede funcionar si es absolutamente absoluto, ve en estas religiones y sabidurías, si no son suavizadas y reducidas a la insignificancia, la causa principal de la Guerra futura. El Leviatán quiere eliminarlas –todas, sin excepción– y hacerse adorar como el único Absoluto.

325. Lo que más teme el Leviatán es el valor. Este es el punto sobre el que más hay que reflexionar. La cultura del coraje se sitúa en la cresta entre dos vaguadas: de un lado, la cultura materialista o vitalista del poder –en teoría, la de los amos del Leviatán–; del otro, la cultura de la impotencia –la de sus sumisos–. Al bloquear la imposición de la cultura de la impotencia, una cultura del coraje frena al Leviatán.

326. El valor es, ante todo, el que evita ceder al miedo a la muerte. La política del Leviatán consiste en hacer que este miedo a la muerte domine a las almas, a través de diversos escenarios de peligro mortal –sea real o ilusorio, poco importa, ya que sólo cuentan las percepciones– (§ 123-125). El valiente es alguien que ama más que a sí mismo y está dispuesto a arriesgar su vida para proteger a los que ama. El fomento del egoísmo entre las masas es, por tanto, indispensable para el Leviatán. El sufrimiento y la muerte no son agradables para nadie, pero los valientes son capaces de soportar la perspectiva sin temblar, es decir, sin dramatizar. Por tanto, el Leviatán fomenta la dramatización. Para ello, alienta la sublimación de los bienes materiales y sensibles, prefiriéndolos a todo lo que pueda relativizarlos: el amor a las personas, o al Absoluto. También fomenta la dramatización correlativa de las sensaciones dolorosas y la pérdida de los bienes sensibles. El Leviatán promueve así el materialismo más banal: egoísta,

superficial, hedonista, consumista y eutanásico. De este modo, el bien y el mal no son más que palabras. Toda conciencia puede ser neutralizada, establecida más allá del bien y del mal, buscando sólo lo útil, admitiendo la normalidad de una vida en la banalidad del mal. Este materialismo es el requisito previo para la aceptación del Leviatán, de modo que su totalitarismo, por monstruoso que sea, parece a todo el mundo lo más natural del mundo. La gente está más dispuesta a morir si cree que no morirá del todo. Por lo tanto, el Leviatán debe destruir la creencia en un destino de ultratumba. El Leviatán también debe destruir el interés por la memoria, por la "inmortalidad subjetiva", como dijo Augusto Comte. Pero esto ocurre en una memoria colectiva que debe ser borrada. Para que el hombre sea valiente, también debe sentir que, al perder su vida terrenal individual, deja atrás un gran cuerpo vivo, que es en parte su descendencia, y al que también está unido por poderosos lazos. Por eso el Leviatán destruirá la familia, además de la patria y la cultura común, así como la civilización, que es la unión de ambas.

327. Para degradar aterrorizando, el Leviatán utilizará también el miedo engendrado por la crisis ecológica (§ 83). Sin embargo, el Leviatán es su causa más eficiente; y también por esta razón es verdaderamente la causa de la guerra. Este es el mecanismo. El Leviatán necesita el materialismo (§ 326). Y si el materialismo domina, la economía será necesariamente materialista también. Esto significa "siempre más", el único sentido posible de la vida: más poder para los amos del Leviatán, más seguridad, más cosas y sensaciones para los sumisos del Leviatán. Pero precisamente porque necesita el materialismo, el Leviatán no puede controlar la codicia ilimitada de los accionistas, el

consumismo irracional de las masas y las élites, el crecimiento indefinido y ecológicamente insoportable de la producción, la crisis ecológica o la carrera armamentística. La propia competencia económica se convierte en guerra, y todo progreso técnico pasa a formar parte de esta carrera por el poder superior. Este "siempre más" se hace materialmente imposible. Y, sin embargo, ¡debe seguir siendo absolutamente posible! Entonces, ¿qué hará el Leviatán? Lógicamente, querrá ricos cada vez más ricos en la Tierra, y cada vez menos. Los pobres tendrán que ser sustituidos por robots. Así, aunque durante mucho tiempo el Leviatán pareció formar parte de la segunda cultura posmoderna, la de la liberación de los *concupiscibles* únicamente (§ 193), acabará liberando también a los *irascibles*, y volviendo así a la brutalidad homicida y bárbara de la primera cultura posmoderna.

328. El Leviatán dispone de una amplia gama de tácticas para deconstruir religiones y sabidurías. He aquí las dos primeras opciones, no mutuamente excluyentes:

—*Ante todo*, el Leviatán tiene un gran interés en apoyar a los "nostálgicos", a todos aquellos de las religiones y sabidurías que no comprenden lo mucho que han cambiado los tiempos. Los mismos valores que defienden las tradiciones y políticas del pasado deben llevarnos también a pivotar con decisión hacia un presente y, sobre todo, un futuro en el que el Leviatán está en alza. Para impedirlo, el Leviatán animará a la gente de todo el mundo a hacer lo que siempre ha hecho. El control de los medios de comunicación sembrará la confusión en las mentes de los creyentes, minando la credibilidad de las instituciones y la de sus dirigentes, que intentan llevar a cabo una política hábil y adaptada a los nuevos tiempos.

–*En segundo lugar,* al Leviatán le interesa apoyar a los "modernistas". Se aprovechará de la avanzada intoxicación de diversos sectores de las iglesias y otras comunidades espirituales por la cultura de la impotencia. La absorción del pensamiento moderno no criticado encierra a muchas mentes sabias o religiosas en la contradicción; la penetración de la ideología posmoderna las reduce a la impotencia, al silencio, a la inhibición y a la culpa morbosa. Gracias a este dominio de los cerebros de numerosos teólogos, pastores y creyentes influyentes, al Leviatán no le faltan medios para presionar a las sabidurías y las religiones. El objetivo es hacerlas converger hacia una insignificancia relativista común.

–*En tercer lugar,* acoplando las dos opciones anteriores, el Leviatán conseguirá dividir las religiones y las sabidurías, cada una internamente, mientras mantiene un nivel suficiente de hostilidad entre todas ellas. De este modo, se asegurará un aparente monopolio sobre la política de paz cultural, reforzando la credibilidad del relativismo impotente como único medio para este fin. Al final, el Leviatán espera lograr un colapso general.

329. Al Leviatán aún le queda una cuarta opción, también compatible con las anteriores: impulsar una comprensión relativista de las religiones y la sabiduría. Algunas sabidurías podrían incluso esperar ganar influencia, siempre y cuando no midan la astronómica distancia[20] entre su tradicional relativización meditativa y contemplativa del discurso y el conocimiento, por un lado, y los tópicos

---

[20] Marion DAPSANCE, *Qu'ont-ils fait du bouddhisme? Une analyse sans concession du bouddhisme à l'occidentale* (Folio, 2019).

del relativismo impotente, por otro[21]. Las religiones así relativizadas no serían más que variaciones imaginativas o afectivas de un mismo concepto: el del relativismo absolutizado. Aliadas al Leviatán y a su nihilismo dogmático, obtendrían un respiro, un momento de supervivencia en la insignificancia y la apostasía. Serían primero siervos celosos del Leviatán, luego sus esclavos, antes de que este decidiera cerrarlos como industrias obsoletas.

330. Las religiones y las sabidurías no deben engañarse a sí mismas. La estrategia del Leviatán tiene posibilidades razonables de éxito. Por eso, en la medida en que las religiones y las sabidurías comprendan lo que es Leviatán y no se engañen sobre su propia situación, establecerán tarde o temprano, formal o informalmente, una entente, *pero no una entente relativista, como querría Leviatán; al contrario, establecerán una entente no relativista de sabidurías y religiones.*

331. Si no quieren ser liquidadas, las religiones y las sabidurías deben encontrar la manera de llevarse bien entre sí, haciendo valer cada una su propio rigor. Sólo podrán sobrevivir aprendiendo a soportarse, sin dejar de competir, pero manteniendo una amistad humana sincera y un respeto mutuo. Sólo este civismo puede mantenerlos a todos unidos y seguros frente al fanatismo del Leviatán. Y dentro de cada religión, también les interesa no permitir que se desarrollen polarizaciones ideológicas, que beneficiarían al Leviatán. Pueden recuperar la iniciativa y volver a ser el centro de la cultura, si saben conjugar su política de comprensión y diálogo con una oposición común al

---

[21] LAO-TZU: «Saber inconscientemente es lo mejor. Presumir de saber lo que no se sabe es enfermizo», Tao Te King, LXXI.

relativismo y al sincretismo. Cada una recuperaría su rigor existiendo fuera del relativismo, como búsqueda de la Verdad absoluta, la santidad, la salvación, etc., pero en la libertad, la razón y la autonomía de la *philia*[22], manteniendo su disciplina y su rigor moral. Esto derrotaría la política de dominación cultural del Leviatán, y convertiría a las religiones y sabidurías en la autoridad más creíble para la protección de la libertad y la paz.

332. En conclusión, es por razones extraídas de su propio fondo, en consideración de una situación sin precedentes, y sin ninguna negación, incluso de su pasado, que las religiones o las sabidurías renunciarán completamente a la guerra y más generalmente a la violencia entre ellas.

333. ¿Siguen siendo posibles las guerras entre religiones y sabidurías? Ciertamente, hay pocas locuras que sean para siempre imposibles para los hombres. Hoy, sin embargo, si las religiones y las sabidurías no son excepcionalmente estúpidas, comprenden que se destruirían a sí mismas haciéndose la guerra unas a otras. Revivirían la necesidad de un principio de paz irreligioso o areligioso, incluso antirreligioso, y filosóficamente vacío, puramente utilitario. Siempre ha sido así. Pero en la época hipertécnica en que vivimos, y en un futuro previsible, este argumento se ve considerablemente reforzado por el miedo a la Guerra, que sería la muerte total.

334. A la inversa, las sabidurías y las religiones tienen un futuro en común. Por diversas razones (inevitables en

---

[22] Henri HUDE, *Habiter notre nature. Écologie et humanism* (Mame, 2018), I. 3, especialmente, § 57, pp. 128-130.

épocas anteriores o de baja tecnología), no han sonreído demasiado al progreso, y en general han tardado en adoptar los elementos de una cultura de la libertad (de la "libertad-con-el-bien") y de la "paz de la fe" que el progreso ha hecho técnicamente factibles. Como resultado, todos ellos han visto surgir, como un monstruo de las profundidades del mar, o como un maremoto, una cultura moderna que pretendía ser una cultura de paz y libertad. Pero esta cultura moderna −¡ay!− es fundamentalmente una cultura de guerra. En su versión posmoderna, es una cultura de licencia y locura, de servidumbre e impotencia, al servicio del Leviatán. Y esto está quedando claro para que todos lo vean. Así pues, frente a este peligro de tiranía sin precedentes, las religiones y las sabidurías, si saben apreciarse mutuamente, pueden, sin traicionarse, desplegarse de nuevo como el alma de la civilización, porque responden a la necesidad más importante del alma; y esta vez como culturas de paz y de libertad.

335. Contra las ambiciones del Leviatán, todas las sabidurías y religiones están implicadas, en la medida en que el materialismo integral del Leviatán, su nihilismo absoluto y su dogmatismo, transgrediendo toda ley natural, equivalen a una voluntad verdaderamente diabólica de destruir toda vida espiritual y causar la pérdida de todas las almas. Pero el adversario del Leviatán no será esta o aquella religión, sabiduría o coalición espiritual. Será el hombre, todo hombre, al que, con el pretexto de salvar su vida, se le prohíbe existir como hombre. Y este conflicto, aunque espiritual en el fondo, no será asumido directamente por las religiones o las sabidurías, sino por las naciones que rechazan al Leviatán y por los individuos como hombres. Nada impide, sin embargo, que las religiones animen a los

hombres de todas las sabidurías y religiones a una lucha verdaderamente apocalíptica, en la que lo que está en juego no es otra cosa que su derecho, a pesar del Leviatán, a existir como hombres.

336. En resumen, la entente no relativista de las religiones corresponde culturalmente a lo que es políticamente la alianza no imperialista de las naciones. Juntas, frenan al Leviatán. Sin su solidaridad, el Leviatán se impondrá por miedo a la guerra total. Y este Leviatán, dividido contra sí mismo, y haciéndose odiar por los desesperados, acabará haciendo estallar el planeta. Las religiones y las sabidurías, centrándose en su misión central —que es la salvación y la conexión entre el alma y el Absoluto, y haciendo hincapié en la libertad del compromiso religioso— pueden, juntas, resistir al Leviatán y apoyar la alianza de las naciones, no como fórmula política, sino como condición para la vida libre del alma.

EPÍLOGO

337. CUANDO ENSEÑABA ética militar a los cadetes de oficiales franceses, solía recordarles que tendrían que desplegar todas sus acciones en un marco estructurado por la disuasión nuclear[1]. Cuando terminé este libro (septiembre de 2022), el mundo había entrado en una tormenta nuclear, sin duda la más peligrosa, y sobre todo la más larga, desde 1962. Se ha dicho de todo sobre la disuasión, pero en semejante contexto, parecía apropiado concluir meditando sobre ella una vez más[2]. El libro más importante sobre el tema está dentro de nosotros, en nuestros corazones, nuestros corazones humanos, tan grandes y tan desdichados[3].

338. Damos por sentado que una segura destrucción mutua haría imposible la guerra total entre agentes racionales

---

[1] André BEAUFRE, *Introduction à la stratégie* (Fayard, 2012).
[2] Marie-Thérèse DELPECH, *Disuassion nucléaire au XXI siècle*, Odile Jacob, 2013.
[3] Blaise PASCAL, *Pensées*, 346, 347, 397, etc.

que también son potencias nucleares. Se trata, sin duda, de una afirmación acertada, sujeta siempre a la posibilidad de un error catastrófico[4]. Sin embargo, con el fin de la Edad Moderna, la difusión de la cultura posmoderna, las reacciones a esta cultura y su solidaridad con el proyecto del Leviatán, surge inevitablemente una pregunta: ¿Y si los agentes racionales se volvieran irracionales, también en Occidente? Para concluir, propongamos cuatro experimentos mentales.

339. *Primera experiencia mental.* Cree usted firmemente que tiene un alma inmortal; que llegará el día en que todo este mundo, que nos parece eterno y en el que vivimos, llegará a su fin; que su enemigo es una especie de demonio, que quiere imponer un orden radicalmente impío y provocar la pérdida de todas las almas. Frente a él, usted preferiría morir antes que rendirse. Quizá también esté pensando que, si todo explotara, probablemente usted irá al cielo y su enemigo, sin duda, al infierno. Considerando todo esto, ¿sigue siendo tan imposible la guerra atómica? ¿Sigue existiendo la disuasión? En parte, sin duda, pero esto al menos altera las condiciones de su éxito[5]. Tal vez usted diga que no puede creer que su adversario pueda defender tales cosas; que se cuenta a sí mismo historias que necesita para vivir, pero que sabe perfectamente que no son ciertas. Bien. Pero, ¿se imagina que pueda ser cierto lo contrario, y que su adversario apenas comprenda lo que usted cree en realidad, y no pueda admitir que usted lo crea? Y,

---

[4] Una evocación muy poderosa y evocadora de la guerra nuclear está en la novela del general Alain CRÉMIEUX, *H* (Édilivre, 2014).

[5] Thérèse DELPECH, *L'ensauvagement. Le retour de la barbarie au XXI siècle*, Grasset, 2005, p. 350.

sin embargo, tal vez haya algo de verdad en lo que usted dice. Pasemos al segundo experimento.

340. *Segunda experiencia mental.* Ya estás harto de la vida. Ya no te haces ilusiones sobre el resultado de la guerra cultural que asola el planeta. Debes reconocer la derrota y la agonía de tu cultura. Tarde o temprano, objetivamente, verás la desaparición de la civilización que encarnaba el sentido de tu existencia, y subjetivamente, intuyes que tu enemigo conseguirá incluso privarte de tus creencias. Ya lo está consiguiendo. No quieres vivir en un mundo así. Así que has decidido suicidarte. Leonid Brezhnev expresó bien esta lógica, en octubre de 1981: «Añadiré que sólo quien ha decidido suicidarse puede iniciar una guerra nuclear con la esperanza de salir vencedor»[6]. Pero eso es sólo la mitad de la verdad. La otra mitad es que odias a muerte a tu enemigo y le consideras responsable de tu desesperación. Sólo quieres morir si tu enemigo muere contigo. Si realmente es así como te sientes, ¿sigues admitiendo las famosas palabras de Ronald Reagan y Michail Gorbachov: Una guerra nuclear «no puede ganarse y nunca debe librarse»[7]? ¿O piensas, como Camille: «Ver al último romano exhalar

---

[6] Serge SCHMEMANN, "Brezhnev Bids Reagan Help Ban a Nuclear Attack", *The New York Times*, 21 de octubre de 1981, p. A7.

[7] Ronald Reagan y Michail Gorbachev, citados en la nota 20. Paul Nitze, aunque consideraba que el nuevo orden mundial hacía obsoletas las armas nucleares, escribió sin embargo que «las armas nucleares utilizadas a la desesperada, o en un salvaje plan de venganza» podrían resultar trágicas. Paul NITZE, "¿Ha llegado el momento de deshacernos de nuestras armas nucleares? The New World Order makes them Obsolete", *Washington Post*, 16 de enero de 1994.

su último suspiro, y ser sólo yo la causa de ello, y morir con placer»[8]?

341. Queremos llamar "agentes racionales" a las personas que prefieren la vida a la muerte, pero no nos preguntamos lo suficiente: «¿Por qué esta preferencia?». Paradójicamente, porque hay algo por encima o más allá de la vida: el sentido de la vida. La libertad, por ejemplo. Es entonces cuando realmente podemos gritar: «¡Libertad o muerte!». De lo contrario, incluso para los "agentes racionales", la vida carecería subjetivamente de sentido. En ese caso, ¿por qué preferirla a la muerte? Así pues, cuando el Occidente posmoderno difunde ideas y críticas filosóficas que parecen "progresistas" pero que destruyen la estructura de la existencia de los demás, sin ofrecer a cambio más que nihilismo y Leviatán, fabrica individuos o grupos suicidas. Si acaban poseyendo armas de destrucción masiva, ¿las utilizarán "racionalmente"? Además, ¿este experimento sólo se aplicaría a los no occidentales?

342. *Tercera experiencia mental.* Parece que damos por sentado que el occidental es racional por definición. Por el contrario, está bastante claro que la cultura occidental posmoderna atraviesa una gran crisis antihumanista, como no se había visto desde el siglo XIV[9], y que se hunde, a través del antihumanismo, en una irracionalidad cada vez más grave. Para un occidental moderno secularizado, el sentido de la vida surgía del valor de la Razón y la Libertad —la libertad racional—. Pero estas convicciones de la Ilustración han desaparecido. Edmund Husserl escribió

---

[8] Pierre CORNEILLE, *Horacio*, IV, escena 5.
[9] Serge-Thomas BONINO, *La philosophie au Moyen-Âge* (Cerf, 2022).

sobre esta crisis de la ciencia y la conciencia europeas[10].
Durante casi un siglo, nada ha podido detener los procesos de desintegración del sentido que él identificó, en particular el desequilibrio entre el desarrollo tecnocientífico y el debilitamiento de la reflexión de la mente hacia las fuentes más elevadas y profundas del sentido de la existencia. Los posmodernos ya no viven en el Espíritu, ni en la Razón, ni siquiera en el mundo físico y vivo, acostumbrados como están a habitar el mundo del discurso y de las imágenes, sacrificando las más duras verdades objetivas a placenteras fantasías individuales o a cómodos consensos intersubjetivos. En estas condiciones, ¿cómo puede uno halagarse a sí mismo para apreciar situaciones, equilibrios de poder, o para comprender lo que pasa por la mente de un adversario? Una vez descartada una razón fuerte capaz de verdades universales y una creencia firme en un sentido superior de la existencia, ¿qué queda de la racionalidad de un supuesto "agente racional", e incluso de su preferencia por la vida? La paradoja del utilitarismo es que sin un valor infinito, sin un Bien que trascienda al individuo, como Dios, el Absoluto, la Naturaleza, la Razón, es imposible hacer un cálculo racional de la utilidad. Este cálculo no es una simple aritmética de placeres y dolores; siempre tiene algo de infinitesimal. ¿No nos acercaría esto peligrosamente al segundo experimento (§ 340-341)? Por supuesto que no. Hagamos, pues, el último de los cuatro experimentos.

343. *Cuarta experiencia mental.* Si no hay un sentido más elevado de la vida que la vida misma, uno no se vuelve

---

[10] Edmund HUSSERL, *La crise des sciences européennes et la phénoménologie transcentantale* (1935, 1956), Gallimard, 2004.

necesariamente suicida, siempre que la vida, la prolongación de la vida y la ampliación de sus comodidades se conviertan en el sentido mismo de la existencia –y sigan siéndolo, mientras la calidad de vida sea satisfactoria–. Pero, ¿qué tiene que decir esta axiología sobre la propia disuasión? Un "agente racional" moderno era a la vez "racional" y creíble, en su disuasión, porque aceptaba la Razón y la Libertad como valores superiores a la vida. Pero un "agente" posmoderno, carente de una fuerte convicción sobre estos dos pilares de la Ilustración, no sólo se vuelve mucho menos racional, sino que deja de ser un "disuasor" creíble. El que se arruina en armamento y no cesa de hacer la guerra, ya no asusta a nadie y acaba perdiendo todas sus guerras, una tras otra, fundamentalmente porque tiene demasiado miedo a la muerte. Porque en esta cultura ya no hay ninguna razón para vivir por encima de la vida, tampoco hay ninguna razón para morir, salvo la pérdida de los placeres de la vida. Entonces, cuando la vida es lo único que tenemos, y superior a todo lo demás, ¿cómo convencemos a los demás, así como a nosotros mismos, de que aún podemos entrar definitivamente en un verdadero juego de disuasión? Los posmodernos se dicen a sí mismos: «Sólo seríamos creíbles con una condición: que nuestro adversario cometa la imprudencia de privarnos de los placeres de la vida. Pero si no consigue sumirnos en una odiosa desesperación, lo más probable es que pueda llevarse lo que quiera, al menos de nuestros aliados y protegidos, sin encontrar una reacción enérgica y disuasoria por nuestra parte, porque siempre pensará que vamos de farol. Y francamente, ¿estaríamos dispuestos a apretar el botón para la defensa de una nación extranjera lejos de casa, y pasar el resto de nuestras vidas en un refugio antiatómico, aunque fuera de cinco estrellas? ¿No preferimos creer que nuestro adversario ha conseguido chantajearnos, siempre que sepamos que no es como nosotros? Ahora será mejor que le dejemos en paz, con la única condición de que nos deje disfrutar plenamente de la vida». En otras palabras, la disuasión recíproca ha dado paso silenciosamente al chantaje unilateral, en el que el hombre Leviatán (si está contaminado por la cultura de la impotencia) ya no inspira miedo y siempre acaba cediendo. Pero, ¿no se convertirá esta misma humillación en una herida narcisista mortal, que impulsa al posmoderno al deseo, a medias, o quizá más, al suicidio y al asesinato, en la insoportable levedad del ser? ¿No será sustituido el equilibrio racional del terror por un desequilibrio irracional, excesivamente peligroso, que, una vez más, nos impide creer en la solución del Leviatán?

344. Puede que pronto estemos todos muertos. Pero la sabiduría puede prevalecer. «Quien lucha por amor triunfa, quien se defiende por amor se mantiene firme, el Cielo lo socorre y lo protege con amor»[11].

345. «Vivir, dejar vivir. Los pacificadores no sólo viven: gobiernan la vida»[12].

---

[11] LAO-TZU, op. cit., "Verso 68".
[12] Baltasar GRACIÁN, *Art de la prudence*, n.º 192.

AGRADECIMIENTOS

Ante todo, quiero dar las gracias a la Academia Militar de Saint-Cyr, a su Centro de Investigación y a la Academia Naval de los Estados Unidos, a sus directores y a todas las personas con las que he trabajado. A todos los cadetes que fueron mis alumnos y que ahora sirven a su país.

Entre los muchos colegas con los que estoy en deuda, me gustaría dar las gracias en primer lugar al profesor George Lucas y al coronel Edward Barrett, ambos del Stockdale Center for Ethical Leadership de Annapolis. También al coronel Manfred Rosenberger, de la Bundeswehr, al profesor David Whetham, del Centro de Ética Militar del King's College de Londres, con quien fundamos la Sociedad Internacional de Ética Militar en Europa, y a los profesores Boris Kashnikov, de Cambridge, y Alexei Soloviev, de Moscú.

Daniel Laurent, el teniente general Pierre Garrigou-Grandchamp, Rémy y Vincent Montagne, Tanneguy Larzul y Eric Gherardi, Nirmal Dass saben lo que les debo.

Por Claire y nuestros cuatro hijos, dos de los cuales son oficiales.

ESTE LIBRO, PUBLICADO POR
EDICIONES RIALP, S. A.,
MANUEL URIBE 13-15, 28033 MADRID,
SE TERMINÓ DE IMPRIMIR EN
ANZOS, S. L., FUENLABRADA (MADRID),
EL DÍA 5 DE MARZO DE 2024.